刑事法廷のカメラ取材

刑事法廷のカメラ取材

——アメリカの規制緩和のプロセス——

宮 野　彬 著

信山社

まえがき

広く世間に報道され関心をもたれた悪名の高い刑事事件の被告人が、法廷において、どのような態度をとり、また、どのように裁かれるのかについて興味を示す者は、昔から極めて多い。裁判の公開という趣旨で裁判所においては傍聴席が設けられているが、その数は、極端に少なく、到底、希望者の願いを適えられるようにはなっていない。そのため、そのような人々の願いをカメラが法廷に入ることによって代りに適えてあげることができないか、という考えが起るのは、ある意味においては必然といえるのではなかろうか。

そこで、この問題を解決するために、メディアが立ち上がることになるわけであるが、過去において、問題の解決に向けての壁は厚く、報道を規制する裁判所の態度は実に厳しい。現実には、裁判所のこのようなかたくなな姿勢を和らげるのは難しい状況にある。わが国のみならず世界的にみても、これまで、メディアは裁判所に入れない状態が続いてきた。それは、裁判を行う環境として、どうしても、法廷内の荘重さおよび裁判を行う前提として必要な礼儀正しさを求められるようになるからである。これとともに、被告人の有する公正な裁判を受ける権利やプライバシーの権利などを尊重しなければならないという解決の困難な問題がつきまとうことになる。

わが国においては、第二次世界大戦終了直後の一時期にメディアの行き過ぎた取材活動がみられたことがある。この出来事をきっかけに、裁判所は、法廷内の荘重さや礼儀正しさの維持という環境問題を前面に押し出してメディアを締め出したのである。今日に至るまで法廷内において被告人の姿をみることができるようなカメラ取材の可能性はない。また、公正な裁判を受ける被告人の権利が害されたかどうかの問題に対する検討も行われてきていない。過去においては、メディア側の規制緩和を求める要望書の提出と裁判所側のこれに対する拒否の回答の繰返しに終始してきている。最近においては、メディア側の形だけのアタックという状態に陥っているようにみえる。

このような中にあって、ひとりアメリカだけは、過去において、日本と似たような出来事を経験しながらも、科学技術の進歩の成果や社会情勢の変化などを巧みに勘案しながら、極めて長期間にわたって検討を繰り返し、遂にカメラ取材に対する規制を緩和するまでになったのである。しかも、その成果は、全面的な拒否の姿に戻ることはない、といわれている。

法廷におけるカメラ取材の問題は、わが国では、現在のところ、発展性はみられないが、将来においては少しずつ議論の対象になってゆくものと思われる。その結果、いろいろな提言や提案がなされることであろう。しかし、その前に、本書において、基本的で不可欠な資料として、これまでのアメリカにおけるカメラ取材に対する規制緩和に至るまでの努力のプロセスを紹介することは、極めて有益なことであると考えている。日本においても、メディアによる取材の行過ぎのおそれのみにとどめないで、根元的な議論をすべきではなかろうか。

現時点では社会的にネガティブとなっているテーマについて、快く出版の機会を与えてくださった信山社出版㈱の袖山貴氏に深く感謝の意を表する次第である。また、本書の作成にあたり多くのご尽力をいただいた信山社編集部の戸ヶ崎由美子さんにはあつくお礼を申し上げる。

二〇〇一年一月一〇日

宮　野　彬

目　次

第一章　テレビ放送についての規制を緩和したアメリカ

世界的にみて、これまで、法廷内の厳粛さを保つ意味から、また、裁判官の判断を誤らせないようにすることの配慮から、さらに、公正な裁判を受ける被告人の権利を擁護するために、極力、マスコミを排除する態度がとられつづけてきた。とくに、テレビ中継という発想に対しては、極度のアレルギーが起ることが予想される状態にある。

とはいえ、最近では、知る権利が叫ばれるようになってきている。また、陪審問題を通じて、国民の司法参加の必要が話題になりつつある。その一方で、裁判所と国民との間の距離は、今日でも、それほど縮まっているともおもえない。社会生活に目を転ずると、時折、ひろく社会的な関心を集めた悪名の高い刑事事件が起る。このような事件に対しては、単なる興味本位だけからではなく、裁判が、どのような手続でもって運営され、また、事件が、どのように処理されるのかについて、ひとり裁判の関係者だけではなく、一般の人々も日常的にかかわりあいをもつべきではなかろうか。これとの関連で、テレビ・カメラを活用して、裁判について国民を啓蒙することは、極めて有意義なものになるのではなかろうか。テレビ・カメラによって刑事裁判の実情を伝えることは、かなりの重要性をもつものといえよう。そうはいっても、極めて難しい問題であるために、クリアしなければならないハードルは高く、また、多い。

幸い、この問題に関しては、アメリカにおいて、規制を緩和するについて学ぶべき発展がみられることになった。日米の間には、考え方をはじめ、さまざまな違いがあるが、本書においては、もっぱら、アメリカの実情を紹介しながら検討を加えてみることにしたい。

連邦憲法との関係で刑事裁判のテレビ放送が合憲か否かについて、連邦最高裁判所で審理された最初の事件が、一九六五年のテキサス州のエステス事件[1]である。このときは、同最高裁の裁判官の意見は多岐に分れたが、結局、五対四の評決でテレビ放送を違憲と判断した。その理由は、法廷でのテレビ報道は、連邦憲法修正第一四条のデュー・プロセスの条項で保護された公正な裁判を受ける被告人の権利を侵害することになる、ということによる。その後、一六年経過した一九八一年に、連邦最高裁は、フロリダ州のチャンドラー事件[2]において、再検討の末、一転して、テレビ放送を合憲とする判決を、裁判官全員一致の判断で言い渡すことになったのである。その理由は、フロリダ州が州の綱領によって承認されているような計画の実験を行うことを連邦憲法は禁止するものではない、ということにあった。なお、エステス事件当時、いくつかの州はメディアと手を結ぶ一方、その他の州は連邦最高裁判所の傍らで整列するというように、この問題に関しては、アメリカの法の社会が、いかに分裂を深めてきたかがわかるのである。

連邦憲法との関係では、チャンドラー事件の判決によって青信号に切り替ったとはいえ、州に関しては、各州独自の憲法によって判断されることになる。しかし、チャンドラー事件の判決以降、テレビ放送を認める州が、次第に多くなってゆき、一九九八年一〇月末現在では、連邦裁判所とインディアナ州、ミネソタ州、それに、サウス・ダコタ州の三州を除く四七州でテレビ放送を認めるまでに至っていることを指摘しておきたい。[3] このほか、特筆すべきものとして、アメリカのケーブルテレビ「コート（法廷）TV」の誕生がある。[4] コートTVは、二四時間、裁判関係の番組を放送するアメリカで唯一の専門局となっている。「裁判は原則としてテレビの中継が認められるべきである」との考えから、一九九一年の七月に開局した。注目度の高い裁判の生中継を軸にする同局は、茶の間での傍聴を定着させている。なお、一九九七年の秋からは、インターネット上でもテレビ映像を流し始めているのである。

（1） Estes v. Texas, 381 U. S. 532 ; 14 L ed 2d 543 (1966).
（2） Chandler v. Florida, 449 U. S. 560 101 S. Ct. 802 (1981).
（3） 朝日新聞・平成一〇年一〇月三一日版（朝刊）参照。

（4）同上。

過去の六〇年以上にわたり、アメリカにおいては、「センセーション」のレッテルを貼られた刑事事件のうちのいくらかは、ニュース・メディアによって広く報道せられてきている。もっとも、その際の報道の仕方は、ときには、見過ごすことのできない妨害を与えることがあった。つまり、裁判を行う環境を極めて悪化させる不適切な状態を作り出したのである。そのため、裁判官や弁護士やその他の裁判の関係者は、やがて、この事態に関心をもち始めることになる。

法廷内に電子メディアを持ち込むのを許すかどうかについての論議は、一九三五年のリンドバーグの息子の誘拐・殺人のハウプトマン事件(5)とともに始まる。この事件では、裁判そのものが、世界中に一大センセーションを巻き起したために、法廷には、スチール写真家が、大きくて喧ましいカメラと人工の照明をもって押し寄せたのである(6)。しかも、裁判所は、写真家と報道関係者に、法廷内のどの場所にも近づくことのできる、ほぼ完全ともいえるような自由を与えた(7)。そのため、「サーカスのような」雰囲気を作り出してしまい、裁判の、円滑で能率的な運営は、完全に妨害されてしまったのである(8)。

(5) State v. Hauptmann, 115 N. J. L. 412, 180 A. 809, cert. denied, 296 U. S. 649 (1935).
(6) See Aspen, Cameras in the Courtroom : The Florida Experiment, 67 Ill. B. J. 82, 82 (1978).
(7) See Cameras in the Courtroom : A Denial of Due Process? 30 Baylor L. Rev. 853, 853 (1978).
(8) Id.

チャールズ・リンドバーグの息子を誘拐して殺害し有罪となった、ブルーノ・ハウプトマンの一九三五年の裁判以前においては、裁判所は、一定のルールを決めてメディアを締め出すようなことはしていなかった。ラジオやテレビや写真撮影などによる法廷の報道に対して広範囲にわたる禁止が行われるようになったのは、一般に、この裁判のときからである[9]。禁止の理由は、メディアの報道が、広がりをもつことと、しばしば、混乱を引き起すことによる。もっとも、ニュージャージー州の上位裁判所の控訴部は、有罪の報道は害をもたらすとのハウプトマン側の主張を認めなかった[10]。とはいえ、この事件は、裁判所とメディアの関係について大きな変化をもたらすにあたりお膳立ての役目を果すことになったのである。

(9) たとえば、See Comment, 33 Fed. Com. B.J. 117 (1981).

(10) Stave v. Hauptmann, 115 N. J. L. 412, 180 A. 809, cert. denied sub nom., Hauptmann v. New Jersey, 296 U. S. 649 (1935).

体系の上では、一九七〇年代の後半までは、ニュース写真とテレビ・カメラは、アメリカの法廷から締め出されていた。そのため、各州は、さまざまな方法を用いて、一九三七年に、当時の司法倫理綱領の35を採用した、アメリカ法律家協会の基本といえる勧告を履行するようにしていたのである。

ところが、近年、アメリカのメディアは、スチール写真やビデオ・カメラやオーディオ中継網などを利用して、裁判についての報道を広めるための全国的なキャンペーンを行うようになってきている。とはいえ、このキャンペーンをめぐっては、メディアと裁判所との間で対立を生むことになる。メディア側は、裁判の運営に影響を与える事柄に関しては一般の人々に知らせるべき権利をもっている、と主張する。これに対して、裁判所側は、刑事事件の被告人に公平で公正な審理を保障する義務を負担している、という。そのため、この対立は、エレクトロニクスによる報道の問題について、全国的な関心を集めることになったのである。このエレクトロニクスによる報道に関しては、アメリカでは、過去において、ラジオや写真撮影などが認められていた後、ハウプトマン事件の裁判をきっかけに、幾年間か禁止された経験をもつので、法廷へは再度の登場ということになる。[11]

法律上は、具体的には、出版の自由にかかわる連邦憲法修正第一条の国民の権利と公正な裁判に対する連邦憲法修正第六条の被告人の権利とを調和させる努力が求められることになるといえる。また、対立は、三つのカテゴリーの権利を含む。それは、① メディアと一般の人々の自由な出版の権利、② 公正な裁判を受ける刑事事件の被告人の権利、③ 訴訟の当事者や陪審員や証人などのプライバシーの権利である。

(11)　たとえば、ウェスト・バージニア州の最高上訴裁判所は、一九八一年の五月に、テレビやラジオやスチール写真などといった、エレクトロニクス・メディアを裁判手続に利用する権利を認める恒久のルールを採用することにした。法廷でのカメラに関する、この種の一般的なルールに従いながら、裁判所は、州の最高位の裁判所だけではなく、治安判事や巡回裁判所などのすべての裁判所にエレクトロニクスによる報道を許すようにしてきているのである。なお、このような動きについては、今日では、別に、驚くべきものとしては受けとられていない事実を指摘しておきたい。法廷でのカメラに関する一般的なルールは、一九八一年五月七日に、ウェスト・バージニア州の最高上訴裁判所によって公表せられた。(See Larry V. Starcher, Cameras in the Courts–A revival in west virginia and the nation, 84 West Virginia L. R. 267 (1982))

第二章　アメリカの法の社会の否定的な姿勢

第一節　概　説

アメリカではチャンドラー事件のエレクトロニクス・メディアの法廷における存在を肯定する前向きの判決を境に規制の緩和が行われるようになったが、法の社会にあっては、それまで、長いこと、否定的な姿勢がとられつづけてきた。全体の流れを知るにあたり、初めに、この点について振り返ってみることにしよう。

テレビのニュース・カメラが、アメリカの法廷の中で、一定の常設の場所を得ようとする場合には、二つの強力な障害を克服しなければならなかった。まず第一に、裁判の撮影を許可していた州は、極めてはっきりと、また、容易にわかる形で、連邦最高裁判所の見解を無視していたことを認める必要があった(1)。第二に、裁判所での訴訟手続をテレビで放送するのを許すことは、司法倫理綱領の以前の綱領35、後の、司法倫理についてのアメリカ法律家協会の綱領3A(7)に挑戦することにほかならなかった。両者のうち、前者の抑制のほうが、かなり印象的な感じを与える。比較的初期のころのラジオおよびその後のテレビ以来、この関係におけるアメリカ法律家協会の綱領は、法廷内のニュース・カメラの使用に反対するキャンペーンの本来的で中心的な要素と考えられていた。右の両者は、力を合わせて、一九七〇年代までは、国の法廷内の地盤を堅固なものにするために、テレビ事業のどのような攻撃をも効果的に妨害してきたのである(2)。

法廷内のカメラの論争に関する一般的なアウトラインを検討するための、ごく自然な出発点は、八四頁におよぶ、連邦最高裁判所のエステス事件の判決に求められる。この裁判において、裁判所は、審理中に法廷内にテレビ・カメラが存在するにすぎないとしても、それは、連邦憲法修正第一四条のデュー・プロセスの条項の下で公正な裁判を受けることができる被告人の連邦憲法上の権利を否定することになるという推定を生じさせる結果を有する、ということを五対四の票決で認めるに至った。

テレビ・カメラの有害な点を、はっきり指摘することはできないにしても、少なくとも、法廷内を動揺させるだけの影響力はもっている、との結論にみられるように、裁判所の審理にかかわるテレビ放送の弊害を裁判所が正確に明らかにするについては若干の困難が伴った(3)。ウイリアム・O・ダグラス裁判官が述べているように、真の危険をもたらすものは、法廷内にカメラを持ち込むことによって付随的に起る目新しさや不安な状態ではなくして、むしろ、裁判の運営におよぼす、知らない間に与えている影響である、といわれている。[4] 多数派を弁護したトム・クラーク裁判官は、テレビ放送された裁判は、本来的に、デュー・プロセスの手続を欠くことになるし、[5] また、ルイジアナ州のリドー事件[6]の原則にもかなうことになる、と考えた。なお、この事件においては、「侮辱」の罪を認めるにあたっては、被告人に対する権利の侵害を、確認できるぐらいに、明らかにする必要はない、とされた。結局、リドー事件では、強盗、誘拐、殺人などの罪に問われた被告人に対する二〇分におよぶ刑務所での自白のテレビ放送が、裁判を茶番劇に変えることになり、しかも、裁判地の変更についてのリドーの申立てが拒否された時点でデュー・プロセスの否定という結果に終った。

テレビ放送と裁判の関係では、特別の範疇に属する三つの有害な点が指摘される。技術の分野における進歩がないとするならば、テレビの放送は、どうしても、つぎのようにならざるを得ないであろう、と裁判所は考えた。すなわち、① 裁判のスムースな流れを物的に混乱させることになる。② 裁判のさまざまな関係者に影響を与えながら、訴訟手続のバランスを心理的に変えてしまう。③ 公正な裁判を受ける被告人の権利を侵害したり、また、差別的にテレビによる監視にさらしたりなどして、合法的に被告人を害する結果をもたらす。いずれにせよ、法廷内のカメラの存在に対する、これらの物的、心理的、法律的な反対は、このことから、それ以外の議論のすべてをも引き出し、論争に向けて、幅広い、アーチのかかった境界を作り上げてゆくことになるわけである。

テレビ事業の挑戦とこれに対する裁判所の応答は、伝統的には、憲法との関係を考える言葉の中で、はっきり、述べられる。率直に言えば、裁判をテレビで放送することができるかどうかを判断するにあたっては、メディアの権利に近接させながら、被告人や裁判の関係者の権利を並置してゆかなければならない。テレビ論争を導くために、四つの、異なる、しかも、相対することになる憲法上の保障が持ち出されてきているのである。それらは、①被告人、証人、陪審員などのプライバシーの権利、②報道の自由の権利、③裁判の公開の権利、④公正な裁判を受ける被告人の権利ということになる。[7]

(1) 381 U.S. 532 (1966).
(2) 以下におけるソローザノ事件とザモラ事件の検討を参照されたい。
(3) 381 U.S. 532, 544（裁判所の見解を明らかにしたクラーク裁判官の見解を通して。）
(4) W. Douglas, The Public Trial and the Free Press, 33 Rocky Mt. L. Rev. 1, 1 (1960).
(5) 381 U.S. 532, 542–43.
(6) Rideau v. Louisiana 373 U.S. 723 (1963).
(7) この点についての優れた解説については、See S. Kulwin, Televised Trials : Constitutional Constraints, Practical Implications, and State Experimentation, 9 Loyola U. of

Chi. L. Rev. 910 (1977-78).

第二節　被告人、証人、陪審員などのプライバシーの権利

連邦憲法は、プライバシーの権利に関しては、はっきり言及はしていない。しかし、プライバシーが、事実上、若干の修正を必要とすることになってきている事実については、判例法は認めるに至っている。それは、犯すことのできない、人のパーソナリティーを育成したり、維持したりする権利である、と説明されてきた。[8] また、そのこと自体は、裁判においては、独立や尊厳や高潔さを保つ、人の能力を表すもの、と解釈されている。[9] その一方で、裁判所は、「人が、公の、あるいは、一般的な興味の中の一つの事柄に属するものとみられるようになるときには、もはや、人目を避けることはできなくなる。そこで、そのものの写真を公表したり、あるいは、その他、事件との関係を広く知らせるようにしたりなどすることは、人のプライバシーの権利を侵害したことにはならない」との判断を下していることに注意しなければならない。[10] しかも、警告すべき点として、本来的に公の事柄であるものとの関連においてプライバシーの権利を認めることを、法は拒否している、と指摘する。[11] クレイグ対ハーニィ事件[12]で、連邦最高裁判所は、「裁判は公の行事である。法廷内で明らかにされることは、共有の財産に属する。明らかにされたことを、見たり、または、聞いたりする者は、

罰を受けないで、それを伝えることができる」と述べていた。

このようなわけで、裁判所からニュース・カメラを締め出すに際しては、プライバシーの権利は、不適切な憲法上の手段である、とみられることになる。その結果、支持する立場にもとづいて議論を進めてゆくことになるのである。いずれにせよ、裁判所が、プライバシーの権利との関係は、ときには、他の抵抗することのできない憲法上の考慮すべき事柄に譲らなければならないのである、との考えを明らかにしてきた点は重要といえる。(13)

(8) Id. at 914.
(9) Id.
(10) In re Hearings Concerning Canon 35 of the Canons of Judicial Ethics, 296 P. 2d 465, 470 (1956) (Colo. Sup. Ct. en banc).
(11) Id.
(12) Craig v. Harney, 331 U. S. 367, 374 (1947).
(13) 前掲注(7)の文献の九一頁を参照されたい。

第三節　報道の自由の権利

報道記者は、憲法にもとづく最も重要な武器を所有する。[14] ところが、かれらの仕事上の道具を法廷外でチェックすることによって、裁判所は、公の場所で起る、報道の価値のある事件を自由に伝えさせないようにしてしまっている、との非難がみられる。もっとも、裁判所は、テレビの放送記者が公判に出席して、そこでの出来事を放送する権利については、繰り返し認めてきている。エステス事件でクラーク裁判官が述べているように、訴訟手続への無限のアクセスの権利をもつものではない、という点では、その立場は、新聞記者のそれとは異ならない、といってよい。「テレビの記者も同様の特権をもつ。すべてのものは、一般の人々と同じような権利を与えられている。ニュースの記者は、タイプライターや印刷機を持ち込むことは許されていない。これらの技術の進歩が、公正な裁判に対する現在のような危険をもたらさないで、印刷機やテレビによる報道を許すときには、われわれは、異なった状況に置かれることになろう。[15]」

法廷内でのカメラの使用を禁止する、といったたぐいの裁判所の制限的な命令は、裁判に関するニュースの報道が、「裁判を行うについての差し迫った脅威となっていて、単にありそうな脅威」に終るものではない、ときには憲法上有効である、といわれている。「危険が、わずかばかりであったり、あるいは、あり得るかもしれない、といった程度のものであってはならない。直ちに、危険にさらされることが必要である。[16]」このような吟味は、公判前の有害な公表の方法を取り扱った事例からもたらされることになる。ここでのように、その吟味にあたり厳しさが少ないとみられる法廷内でのテレビ放送に対してではない。誤審の起ることの直接のおそれと対比するものとして、訴訟手続に脅威をおよぼす可能性のある場合には、テレビによって放送された裁判の報道を不法とすることができる。

右のようなさまざまな理由から、裁判所は、ニュース・カメラの追放が、報道の自由に対する、記者の憲法上の権利の削減につながってゆく事態を適切であるとはみてこなかったのである。

(14)　連邦憲法修正第一条は、「連邦議会は、（中略）言論および出版の自由を制限（する）（中略）法律を制定することはできない」と規定する。

(15)　381 U. S. 532, 540.

(16)　Craig v. Harney, 331 U. S. 367, 376 (1946) より引用した U. S. v. Dickinson, 465 F. 2d 496, 507 (1972).

第四節　裁判の公開の権利

カメラを裁判所から締め出すことは、法廷内で行われる活動について知ることのできる一般の人々の権利に背くことになるとも、また、記者は主張していた。このような主張は、その基礎となる連邦憲法修正第六条の保障や法律の条項の背後にある理由づけを誤って使用することから導き出されることになる。権利は、被告人一人一人の身にしっかり備わっている、と裁判所はいう。それは、被告人の独占的な利益の保護をもくろむのである。[17] 被告人を星室裁判所スタイルの裁判手続から保護したり、また、その必然的な結果としての公正で公開の審理についての被告人の神聖な権利を保証したりなどするために行われてきた。もっとも、テレビの記者の主張が、このような理解の仕方の中に入るものであるかどうかについては、容易にはわからない。それは、誤解した立場を支持する人々にとってさえも、一般の人々の知る権利が、公正な裁判を受ける被告人の権利を侵害するについての正当な根拠に十分なり得る事実を最高裁判所に納得させることが難しい、と考えられていることによる。とはいえ、エステス事件の裁判所が、最終的に、被告人に有利になるような認定を行うように導いていったのが、この権利である。とくに、連邦憲法修正第一四条の中に含められたデュー・プロセスの条項ということになる。

(17) United Press Associations v. Volente, 308 N. Y. 71; 123 N. E. 2d 777 (Ct. App.) (1954).

第五節　公正な裁判を受ける被告人の権利

被告人の権利についての純粋な懸念から生まれたものであろうとなかろうと、あるいは、ジェローム・フランク裁判官が、シニカルにほのめかしていたように[18]、裁判所、または、それの多少思いあがったふしのみられる裁判関係者の、尊厳を損なうことになるおそれから生まれたものであろうとなかろうと、いずれにせよ、公判の裁判官は、伝統的には、法廷のテレビに関する禁止を支持してきた。

カメラの出現が、公正な裁判を脅かす事実を明らかにすることができれば、そのような場合にのみ、憲法上の見地から、法廷内のテレビの禁止を正当化することができる。被告人のこの権利は、法廷での放送との関係で既に検討してきた事柄よりも重要である、と裁判所は判断した。このようなわけで、エステス事件の連邦最高裁判所は、上訴人が、連邦憲法修正第一四条のデュー・プロセスの要求と一致する方法でもって裁判を受けられたかどうかだけというように、問題を狭い範囲内で組み立てることができたのである[19]。被告人に対する審理が、一般の裁判感覚に衝撃を与えるたぐいの場合には、デュー・プロセスは否定されることになる、と考えられた[20]。したがって、根本的な論点は、法廷におけるテレビの物的、心理的、法律的な影響が、一般の裁判感覚に衝撃を与えるのに十分なほどに公判の成行きに対して害を与えるものであろうかどうか、ということになる。エステス事件の裁判所は、肯定的な態度を示した。

従来は、直接、このような問題に直面することはなかった。しかし、アメリカ法律家協会の綱領35が存在していたために、ある種の傾向は与えられていた。なお、綱領自体は、法廷内のニュース・カメラが、激しく論争された自由な報道、つまり、公正な裁判の問題になりうることを、あらかじめ見越していた、アメリカ法律家協会のメンバーによる、ほとんど四〇年におよぶ、テーマに関する有益な検討の結果をまとめたものである。

(18)　Rodell, T. V. or No T. V. in Court?, N. Y. Times, Apr. 12, 1964, S 6 (magazine), at 103, in: Goldman and Larsen, News Camera in the Courtroom During State v. Solorzano: End to the Estes Mandate? 10 S. W. U. L. Rev. 2001, 2006 n. 31 (1978).

(19)　381 U. S. 532（クラーク裁判官が裁判所の見解を明らかにしたものによる。）

(20)　D. Fretz, Cameras in the Courtroom, 14 Trial 28–29 (1978).

第三章　エステス事件の判決に至る歴史的な前触れ

第一節　綱領35の由来と役割

アメリカ法律家協会の司法倫理綱領の35は、一九三七年の当初以来、変化に富んだ道を歩むことになる。法廷の公正さについての厳格な監視人として、時々は、大いにほめたたえられた。しかし、他方においては、訴追側は、起草された日を公然と残念がっていた。ジャーナリストは、いつも、それを、マスメディアと裁判所の性質の異なる協同の仕事の関係での法律的な性質を持たないカムフラージュまたは邪魔物とみてきたのである。ここで、綱領35の、採択に向けて準備し、それが実現されるまでの出来事についての簡単な年代記を示すことにしよう。

メリーランド州の控訴裁判所は、一九二七年に、殺人事件の公判中にニュース用の写真撮影を禁止する裁判所の命令に違反したボルチモアの報道記者に対して「裁判所侮辱罪」の成立を認めた。もっとも、この裁判所の制止命令は、報道の自由を縮小することになるものとはみられなかった。[21] 一方、アメリカ法律家協会は、一九三二年に、ラジオの録音装置の使用やラジオ放送を伴う裁判の実施などの完全な禁止を求めた起草段階の決議案を提出した。

一九三五年に、最高裁判所は、リンドバーグの息子の誘拐・殺人のハウプトマン事件における公判での評決を、破棄しない態度に出た。八〇〇名以上の報道記者が押し掛け、これらの者の狂態が、裁判をマスメディアの金魚ばちに変えてしまったために、被告人のハウプトマンは、損害を被ったのである。[22] ハウプトマン裁判でのサーカスのような雰囲気に刺激され、この裁判での由由しい妨害の事実を教訓として、アメリカ法律家協会の代議員会は、一九三七年九月三〇日に、初めて、つぎのような内容の裁判にかかわる倫理綱領の35を採択した。

一九三七年の綱領35

「裁判所における訴訟手続は、荘重さと礼儀正しさをもって行われなければならない。裁判所の開廷中または開廷の際の休憩中、法廷内において、写真の撮影をしたり、あるいは、訴訟手続の模様をラジオで放送したりなどすることは、訴訟手続の本質的な尊厳を減じ、裁判所の品位を落とし、さらには、一般の人々の気持ちの中に誤解を生じさせることになるもの、と考えられる。そのために、許されるべきではないのである。[23]」

(21)　Ex parte Sturm, 136 A. 312 (App. Ct.) (1927).
(22)　Hauptmann v. New Jersey, 296 U. S. 649, denying cert. to (sub nom.) (1935) ; State v. Hauptmann, 115 N. J. L. 412 (Ct. Err. and App.) (1935).
(23)　A. B. A. Canons of Judicial Ethics No. 35 (1937). 62 A. B. A. Rep. 1134-35 (1937).

この当初の綱領の35は、メディアの活動を禁止するために、三つの理由を強調する。すなわち、① 裁判所での訴訟手続をラジオで放送することは手続の基本的な価値を減ずることになる。② 放送は裁判の関係者や証言を行う証人の気持ちを動揺させる効果を有する。③ 裁判所の評判を落すだけにとどまらないで、このほかに、裁判所の役割について一般の人々に重大な誤解をひき起すおそれがある。

この綱領によれば、初期のころの関心は、公正な裁判を受ける被告人の権利よりも、むしろ、主に、法廷の荘重さと礼儀正しさに向けられていたことがわかる。一九五二年に、アメリカ法律家協会が、法廷内の訴訟手続をテレビで放送することの禁止および証人の動揺などの新しい正当化事由の追加を含めるように改正するまでは、綱領の35は、本質的に変らないままおかれた。

綱領の35は、当初から、ニュース・メディアによる、ほとんど絶え間のない攻撃にさらされてきた。連邦刑事訴訟規則との結びつきをもちながら、アメリカ法律家協会のエレクトロニクスによる報道に対する規制は、連邦の全裁判所およびコロラド州とテキサス州の二州を除いた州の全裁判所におよんでいたのである。州は、法令または裁判所の規則のいずれかによって、綱領の35を実施していた。

その後、ニュースを集める目的での法廷内におけるラジオの使用に反対する旨の一層の禁止が、一九四一年に、綱領の35の中に組み込まれるに至った。

アメリカ法律家協会の代議員会は、テレビによる放送を禁止するために、一九五二年に、当初の綱領の35を、つぎのように改正した。

一九五二年の綱領35

裁判所での訴訟手続の適切ではない公表

「裁判所における訴訟手続は、相応の荘重さと礼儀正しさをもって行われなければならない。裁判所の開廷中または開廷の際の休憩中、法廷内において、写真の撮影をしたり、また、訴訟手続の模様をラジオで放送したり、あるいは、テレビで中継したりなどすることは、訴訟手続の本質的な尊厳を減じ、証言中の証人を動揺させ、裁判所の品位を落し、さらには、一般の人々の気持ちの中に誤解を生じさせることになるもの、と考えられる。

そのために、許されるべきではないのである。[24]」

(24)　77 A. B. A. Rep. 610–11 (1952).

もっとも、この改正は、ありのままの自然な姿での裁判手続を報道するにあたっては、一定の例外を設けていた。なお、連邦刑事訴訟規則の五三条によってラジオ放送と写真の撮影は、連邦裁判所の刑事事件においては許されていない。この連邦の規則は、一九六二年に、法廷の周囲にまでメディアの禁止をおよぼすように広げられることになった[25]。その後、テキサス州のエステス事件とフロリダ州のチャンドラー事件において、裁判上の関心が、法廷内の礼儀正しさから被告人の権利に移るようになってゆく。かくして、被告人に不利益を伴う報道に、最高裁判所は焦点をあわせはじめるようになるのである。それぞれの事件の場合に、裁判所は、被告人の公正な裁判の機会における法廷内のメディアの設備のおよぼす影響を検討することにした。

「自由な報道と公正な裁判に関する法律家とマスメディアの特別委員会」は、一九五四年に、法廷内のテレビは、公判の裁判官に不当な警備義務を負わせることになり、また、裁判の関係者に対して有害な心理的影響をもたらすことになろう、と報告した。一九五六年に、コロラド州は、綱領35のテレビの禁止の正当性についての調査を行った。州の最高裁判所は、公判の裁判官の裁量により、または、その管理の下で、刑事ならびに民事の裁判をテレビによって放送することはできる、との見解を明らかにするに至っている。[26] このコロラド州の挑戦に対して、アメリカ法律家協会の特別調査委員会は、部分的に答える形で、法廷でのテレビの使用については、依然として、ふさわしくない状況にある、と報告し、一九五八年に、一部分、つぎのような内容の綱領35の修正を提案した。

一九五八年の綱領35

「裁判所での訴訟手続の進行中、または、その休憩中に、法廷内において、写真の撮影をしたり、あるいは、ラジオやテレビによる放送を行うために、このような手続を送信または録音・録画したりなどすることは、関係者に有害な心理的影響を与え、その結果、かれらを裁判の本来の目的からそらしてしまう傾向を有することになるために、異質の影響をおよぼすことになる。したがって、それらを許すべきではない。[27]」

一九六五年のエステス事件の連邦最高裁判所は、綱領の35を支持し、テキサス州の最高裁判所による、その、ほぼ全面的ともいえる採用に、特に、言及していた。

(25)　Fed. R. Crim. p. 53.
(26)　In re Hearings Concerning Canon 35 of the Canons of Judicial Ethics, 132 Co. 591; 296 P. 2d 465 (Sup. Ct. en banc) (1956).
(27)　Lorne H. Abugov, Televising Court Trials in Canada: We Stand on Guard for a Legal Apocalypse, 5 The Dalhousie L. J., 694, 702 (1979).

アメリカ法律家協会は、綱領3A(7)として知られることになる綱領35の修正を、一九七二年に、代議員会の満場一致の賛成投票によって採択するに至った。

一九七二年の綱領3A(7)

「裁判所は、左の正当と認めることができる場合を除いては、開廷中、または、その際の休憩中、法廷、ならびに、それに、直接、隣接する場所においての、ラジオやテレビによる放送、あるいは、その録音・録画や写真の撮影を禁止しなければならない。

(a)　証拠の提出や記録の永久保存や裁判の運営の他の目的などのために、エレクトロニクスまたは写真の撮影の方法を用いること。

(b)　叙任や式典や帰化などの手続についての、ラジオやテレビによる放送、あるいは、その録音・録画や写真の撮影。
（c）つぎのような条件の下での、裁判所の適切な手続についての、写真の撮影またはエレクトロニクスによる記録と再生。
①　記録の方法は、関係者を動揺させるたぐいのものであってはならない。また、訴訟手続の荘重さを害しないようにすることを要する。
②　当事者の同意が得られること。叙述や記録にかかわる同意は、記録や再生の際に同席する、それぞれの証人から得るようにすること。
③　手続が終了し、さらに、直接の上訴の方法のすべてを使い尽してしまうまでは、再生を提出することができない。
④　学校における教育の目的がある場合にのみ、再生を行うことができる」(28)。

この綱領3A(7)と古いルールとの違いは、ごく僅かとなっている。右の規定によれば、エレクトロニクスと写真の撮影に関する法廷での設備は許されることになる。しかし、それは、一定の教育目的のある場合に限られる。ニュース報道の見地からみるならば、綱領の3A(7)は、綱領の35と同じように、絶対的ともいえる障害を有する。ビデオテープにとられた裁判上の手続を教育のために利用することには関心を示すものの、綱領は、依然として、裁判所の自由裁量を大幅に制限する。しかも、古い綱領の35とは両立するのである。このようなわけで、カメラによる報道についてのアメリカ法律家協会の立場は、従来のままということになる。

裁判官にとっては絶大な魅力があったにもかかわらず、綱領3A(7)とそれ以前に使用された綱領35は、法としての重要性をもたないだけではなく、そもそも、これまでずっともってきてはいなかった、との見方がある。[29] 綱領は、むしろ、単に、アメリカ法律家協会が公認する「法廷の施策としての体裁を整えたものにすぎない」といわれている。

ライルス事件[30]の裁判所は、つぎのような方法でもって綱領を特徴づけて、法の中での、その立場を確固たるものにしていた。「裁判所による倫理綱領の採用は、法規範としての効力をもっていなかった。それらは、模範となる行為やすぐれた品性についての一つの原理体系でしかない。(中略) それらは、人々の憲法上の権利と歩調を合わせるようにしながら、時代の変化の状況に対処するように変更されてゆくことになる。」

いずれにせよ、フロリダ州をはじめとするアメリカの大多数の州は、アメリカ法律家協会の当初の規定やこの改正された条項を採用する動きをみせることになるのである。

ちなみに、コロラド州は、テキサス州やオクラホマ州とともに、エステス事件の以前においては、法律の制定や裁判所の規則などによって、既に、綱領35を採用していた、その他のすべての州との関係においては、綱領に対し、拒否の態度をとっていた事実を指摘しておきたい。

(28) Chandler v. Florida, 101 S. Ct. 804, n. 2 (1981) ; In re Post-Newsweek Stations, Fla., Inc., 370 So. 2d 764, 765 n. 2 (Fla.) (1979).
(29) Deupree v. Garnett, 277 P. 2d 168, 175 (Okla. Sup. Ct.) (1954).
(30) Lyles v. State, 330 P. 2d 734, 738 (Okla. Crim. Ct. App.) (1958).

アメリカ法律家協会の「公平な裁判と自由な報道に関する委員会」は、一九七八年の二月に、修正を加えた規準（8-3・6（a））を提案した。この規準においては、電子メディアを用いて行う法廷での報道を、地域のルールが定める条件の下で、または、公判の裁判官のコントロールによって行う場合に許す旨の規定を含んでいたのである。もっとも、許される報道は、裁判の進行を妨害するものであってはならず、また、裁判の運営に対してなんらの影響を与えない場合に限られていた。[31] この修正の加えられた規準は、アメリカ法律家協会の「刑事裁判の規範に関する常設委員会」によっても、さらに、「刑事裁判とメディアに関する常設委員会」によっても認められた。けれども、同協会の代議員会は、一九七九年二月一二日に、これを受け入れない旨の態度を示したのである。[32]

州の首席裁判官会議は、一九七八年に、問題を検討した末に、各州の最高位の裁判所が、訴訟手続に関しての、ラジオやテレビや写真などによる報道を規制することにかかわる規準やガイドラインを公表するのを許す内容の決議案を四四対一の票決でもって承認した。[33] 決議案は、具体的には、バーモント州のバーリントンにおける、一九七八年八月二日の第三〇回の首席裁判官会議の年次総会の折に採択せられた。[34]

(31)　Proposed Standard 8-3.6 (a) of the American Bar Association Standards Relating to the Administration of Criminal Justice 2d ed.（Tentative Draft）(1978).

(32)　65 A. B. A. J. 304 (1979).

(33)　四五の州のうち四四の州の最高裁判所の長官が、数ヵ月だけ、さかのぼって綱領を緩和することを一致して承認した。（449 U. S. 564, citing Resolution I, Television, Radio, Photographic Coverage of Judicial Proceedings（Aug. 2, 1978)

(34)　決議I。裁判手続に関する、テレビやラジオや写真などによる報道を対象とする。

アメリカ法律家協会の綱領は、勧告的な意味合いをもつにすぎず、法律上の効力がないにもかかわらず、[35] 州は、その後、ようやく、エレクトロニクスによる報道に関しての自らの立場を修正しはじめることになる。一九七七年の一月までに、コロラド州とアラバマ州とワシントン州が、法廷でのテレビ・カメラを認めるに至った。[36] 一九八一年の時点においては、三四の州が、エレクトロニクスによるメディアの報道について、ある種のタイプを用意するのである。さらに、六つの州が、カメラによる報道を許すための動きを開始することになった。[37]

(35) 381 U. S. 532, 535.
(36) D. Fretz, Courts and the news media, 96 (1977).
(37) Abrahams, New efforts in 17 States to expand coverage of courts, 65 Judicature 116, 118 (1981).

アメリカ法律家協会は、同協会の、裁判官の行動準則規程の行動準則の綱領3A(7)でもって、一九七二年の「綱領35に代わる綱領3A(7)」を、一九七九年に、再度、承認している。この行動準則の綱領3A(7)は、一九八二年の八月まで有効であった。

エレクトロニクスによるメディアの報道についての規制を緩和する、一九八一年のフロリダ州のチャンドラー事件の画期的な判決にもとづいて、アメリカ法律家協会の綱領は、遂に、大転換を遂げることになる。一九八二年に、行動準則の綱領3A(7)は、エレクトロニクスによる報道を正式に認めるように改正されることになったのである。

一九八二年の行動準則の綱領3A(7)

「監督の立場にある上訴裁判所、または、その他の相応の官庁によって定められた規則による場合を除いて、裁判官は、開廷中または開廷の際の休憩中、法廷、ならびに、それに、直接、隣接する場所においての、ラジオやテレビによる放送、あるいは、その録音・録画や写真の撮影を禁止しなければならない。ただし、裁判官は、公正な裁判を受ける当事者の権利と一致させながら、ひどく目立つことはなく、また、裁判の関係者を悩ませることもなく、さらに、裁判の運営を妨害することもないような方法でもって、その種の報道を許す条件や制限やガイドラインなどを示すようにするならば、法廷における裁判手続、ならびに、それに、直接、隣接する場所においての、ラジオやテレビによる放送、あるいは、その録音・録画や写真の撮影などを行うことを正式に許可することができる。[38]」

(38)　Code of Judicial Conduct Canon 3A(7) (1984).

第二節　アメリカ法律家協会の綱領に同調しない州

一九五〇年代中頃の若干の州の裁判所は、刑事裁判中の写真の撮影と放送が、公正な裁判を受ける被告人の権利とデュー・プロセスを本体的に攻撃することになるという、その基本的な前提を、まず第一に、再評価しないことには、綱領の35についての「公理のような状況」を受け入れる用意はなかったのである。その中でも、コロラド州は、同調しない組の先頭に立っていた。一九五六年に、コロラド州の地方裁判所と、その後、間もなく、同州の最高裁判所は、ともに、綱領35の背後にある基本的な原理は、疑問の余地があるだけにとどまらずに、まったく正当とはいえない、との判断を示した。

はじめに、グラハム事件(39)を取り上げることにしよう。この事件で、地方裁判所は、被告人の、はっきり述べられていた願いに反して、報道記者に公判の映画の音声をとることを許した。申立てによると、被告人は、母親に掛けていた生命保険金を得るために、飛行機に爆弾をしかけて、四四名の人々を殺したのである。フレンドリーとゴールドファーブは、公判の訴訟手続についての余波に関して述べるのであるが、法廷の後方にあるニュース室と、それに続いての、夜のニュースにおいてのテレビ放送用のフィルムの使用を大々的に取り上げていた。

「裁判が終ったとき、裁判長、陪審長、双方の代理人および被告人の妻は、知る限りにおいては、放送による報道は、何人をも悩ませることはなかったし、また、裁判の公正さを害することもなかった、と述べていた。放送の行われていたことを証人が知ってしまった事実を、ヴェテランの裁判所の記者は、見破れなかったのである。そこで、陪審長のコメントは、『率直にいって、わたくしは、そこにあったことに気がつかなかった』ということになった。(40)」

グラハム事件で突き止められた事柄を認識しながら、州の最高裁判所は、綱領の35を改正する申立てに裁定を下した、その同じ年に、状況について、自らテストする機会をもった。司法倫理綱領の35にかかわる意見聴取の件において、オットー・ムーア裁判官は、コロラド州の刑事裁判所の訴訟手続は、今後は、改正された綱領35にもとづいて運営されることになろう、との判断を示した。この改正された綱領35は、公判の裁判官の自由裁量と裁判の主役のすべての同意を得ながら、法廷内において、ラジオとテレビの放送を行うことを許すものである。(41)

ムーア裁判官は、綱領35の妥当性の問題を、現実か想像かの単純なケースである、というように考えた。

「われわれは、憶測ではなく、現実とのかかわりあいをもつ。綱領の35は、カメラやラジオやテレビなどの機器は、すべての事例において、必ず裁判の執行を妨げる、という事実を想定している。（中略）事実の仮定が正しければ、綱領は、継続しながら、実施してゆかなければならない。反対に、その仮定が正しくなければ、綱領を正当と認めることはできない。[42]」

（39）　Graham v. People, 134 Col. 290 ; 302 P. 2d 737 (Sup. Ct. en banc) (1956).

（40）　Friendly and Goldfarb, Crime and Publicity (NewYork : The Twentieth Century Fund) 234 (1967), in : W. Monroe, Villanova Law School Symposium, April 16, 1966.

（41）　132 Col. 591 ; 291 P. 2d 465 (Sup. Ct. en banc) (1956).

（42）　296 P. 2d 465 (Sup. Ct. en banc) (1956).

意見の聴取を進めてゆきながら、あらゆる種類のマスメディアの技術に関しての、裁判の執行におよぼす、潜在的ならびに現実的な影響を測ることを目的にしたテストが、法廷内において行われた。アメリカ法律家協会にとっては残念なことではあるが、「綱領の中で述べられた事実の仮定は、実際には、まったく、支持の得られないものである」というのが、その結論であった。[43]

「ひどく目だったテレビ放送とかかわりあうような事態は、なにもなかった。法廷内の荘重さや礼儀正しさなどは、まったく、妨げられなかったのである。多くの人々は、テレビの生《なま》放送が行われている事実に気がつかないで、法廷内を出たり入ったりしていた。(44)」

裁判官側は、検査者の能力の点に関して、また、電子メディア側は、プールされた資源および社会的な道義心と責任についての深い認識をもちながら協力してゆくことになる。裁判所は、このような協力の仕方の努力を行うならば、あらゆる審査員の中で最も手ごわいもの、すなわち、テレビの視聴者のために被告人を犠牲にするようなことはしないで法廷内の礼儀正しさを保ち続けることはできる、との判断を下した。歴史は、このような結論を実証してきている、といわれる。コロラド州で検討が加えられて以来、二二年間に、法廷内にテレビがあったために、公判における評決がひっくり返された例は、一度もなかったのである。(45)

(43)　296 P. 2d 465 (Sup. Ct. en banc) (1956).
(44)　Id.
(45)　Goldman and Larsen, News Camera in the Courtroom During State v. Solorzano: End to the Estes Mandate?, 10 S. W. U. L. Rev. 2001, 2018 (1978).

オクラホマ州の刑事控訴裁判所は、二年後に、ライルス事件(46)で同じ道を歩んだ。コロラド州で述べられたのと同じように、公判の裁判官は、ニュース・カメラを、ケース・バイ・ケースで許したり、または、禁止したりするための最大限の自由裁量権を与えられた。テレビの害についての被告人の言い分を「まったくの憶測から作り出された、いわれのないもの」と呼んだ。裁判所は、不確かではない言い方でもって、テレビの事業が、長い間、追い求めてきた権限を、かれらに与えた。(47) あるいは、また、その当時は、そのようにおもわれていたにちがいない。しかし、不可解なことに、裁判所は、翌年には、その立場を変えてしまい、刑事裁判についてのすべての放送を州の全体にわたって禁止する、という以前の綱領35の状態にもどしてしまったのである。(48) ライルス事件の決定に立ち返って耳を貸すようにしたところ、一九六一年の刑事裁判である、コディー事件(49)においては、さらに、その立場を混乱させてしまい、テレビの賛否の決定は、もっぱら、現職の裁判官にゆだねられることになる、と判断されるに至った。結局のところ、オクラホマ州は、一九七四年に、アメリカ法律家協会の綱領3A(7)を司法倫理そのものの綱領の中に含めるようにして、ライルス事件の思い出を葬り去ってしまったのである。

一方、テキサス州においては、裁判所は、テレビに関する綱領35の禁止について顧みることは、まったく、しなかった。かわりに、公判の裁判官に、公判のテレビの規制に関して、自由裁量の権限を託す、という方法を選んだ。自由な気持ちからのアプローチは、残念ながら、一九六二年のビリー・ソル・エステス事件の不幸な裁判の間じゅうは、逆効果をもたらしてしまった。それは、テレビの悪用について、法律の社会が呼び出すことのできる、考えられる限りの、ありとあらゆる悪夢が、一見したところ、起った裁判といえたのである。

(46) Lyles v. State, 330 P. 2d 734 (1958).
(47) Id. at 742.
(48) Okla. Stat. Am. tit. 5. ch. 1, app. 4 (1966).
(49) Cody v. State, 361 P. 2d 307 (Okla. Crim. Ct. of App.) (1961).

第四章　刑事裁判のテレビ放送を否定したテキサス州のエステス事件における連邦最高裁判所の判決

第一節　事件の概要

連邦最高裁判所は、かなりひろく知られるようになった刑事裁判である、テキサス州のエステス事件において、裁判を電子メディアで報道することの問題と直面することになった。(1)

(1)　Estes v. Texas, 381 U.S. 532 (1966).

政界ともつながりのある悪名高い金融業者であったビリー・ソル・エステスは、一九六二年に詐欺のために有罪の言渡しを受けた。テレビ・カメラが、かれの異議の申立てにもかかわらず、裁判の取材のために許可されることになった。裁判のときに、エステスは、訴訟手続に関する、生《なま》のテレビ放送を締め出す気持ちに傾いた。しかし、これについての努力は、州が、綱領の35に同意を与えていなかったことと、法廷の放送に関しては、公判の裁判官の裁量によって許可を与えていたことなどの理由のために実を結ばなかった。エステスは、その後もたらされた有罪の判決に対しては、デュー・プロセスにもとづいた公正な裁判を受ける自らの憲法上の権利が、テレビによる放送のために妨害されたことを理由に上訴した。

この事件においては、メディアのもたらす妨害の程度が争点となる。主張された連邦最高裁判所の六つの意見を検討してみても、この問題に関しては、答の得られないままとなっている。サーカスの場合とほとんど同じような雰囲気であったという意見がある一方において、ハーラン裁判官[2]は、どちらかといえば目立たないものであったとみていた。

一九六五年の六月に、連邦最高裁判所は、かれの悪名の高い、しかも、非常にセンセーショナルな刑事裁判は、かれから、連邦憲法修正第一四条のデュー・プロセスの権利を奪うことになった、と判断して、かれに対する詐欺の有罪の判決をくつがえした。つまり、刑事裁判のなんらかの部分をテレビで放送することは、公正な裁判を受ける被告人の権利を侵害することになる、というのがその理由となっていたのである[3]。

（2） Estes v. Texas, 381 U. S. 532, 588.

（3） Id. at 551.

もっとも、エステス事件の公判の裁判所は、前述のように、公判前のヒヤリングを、カメラによる報道にもとづいてテレビで放送すること、および、公判そのものの、テレビやラジオによる放送やスチール写真などを許していた。(4)

その一方において、最高裁判所は、連邦憲法が、テレビを刑事裁判から締め出すことを要求しているかどうか、については意見の一致をみることができなかったのである。このうち、ウォーレン首席裁判官を含めて、クラーク、ダグラス、ゴールドバーグの四人の裁判官は、要求している、との肯定の意見を述べていた。これに対して、スチュワート裁判官をはじめとする、ブラック、ブレナン、ホワイトの四人の裁判官は、要求していない、との否定の意見を表明していた。全体の鍵をにぎる、ハーラン裁判官は、その態度が決まらないでいたが、結局は、個別の肯定の意見を述べることになった。(5)

（4）　381 U.S. 532, 553.

（5）　Id. See Aspen, Cameras in the Courtroom : The Florida Experiment, 67 Ill. B.J. 82–83 (1978).

エステス事件の裁判は、技術に関する悪夢のような経験といえた。最高裁判所は、放送用の設備の法廷への物的な侵入を、被告人に与えられた裁判の環境に対する、一つの脅しとして、引合いに出したのである。

裁判所は、つぎのように述べていた。「カメラマンは、映画フィルムやスチール写真を撮ること、あるいは、裁判の手続をテレビで放送すること（中略）などに夢中であった。ケーブルとワイヤー＝ロープが、法廷の床を横切るようにして蛇行していた。三本のマイクロホンが、裁判官の席に置かれていた。さらに、それ以外のものが、陪審員の席と弁護人のテーブルにおいて使用されていた。[6]」カメラは、巨大で、扱いにくく、それに、やかましかった。操作する際には、人工の照明を必要とした。裁判所は、電子メディアのはっきりした効果と裁判の場における「サーカスのような雰囲気」を規制することができないでいた。もっとも、被告人に対しては本来的に損害を与えることになるとして、刑事裁判をテレビで放送する実際については、強く非難していた事実が認められる。

実のところ、クラーク裁判官は、直ちに、つぎのことを認めたのである。「現在の状態においての、また、まさに、その性質によって、テレビジョンは、被告人に対して、権利の侵害をもたらすおそれのある、さまざまな領域におよんでゆく。とはいっても、何人も、それについての、はっきりした害悪を指し示すことはできない。それに、また、被告人が、権利を侵害されたことについて、詳細に立証することもできないのである。[7]」

（6） 381 U.S. 532, 536.
（7） Id. at 544.

ニューヨーク・タイムズは、この事件の様子を、より一層、華やかに伝えた。つぎのように詳細に記述していた。

「大陸間のバスのような、大きな、テレビジョンのモーター・バンが、裁判所の庁舎の外に駐車していて、二階の法廷は、あたかも設備の森のようになっていた。二台のテレビジョンのカメラが、法廷内に設置された。また、四台の、目をひくマークのついたカメラが、入口の外側に、まさに、一列に並べられた。一本のマイクロホンが、その一二インチの鼻口部分を陪審員の席の内側に突き入れるようにして置かれた。しかも、報道関係者のテーブルから溢れ出たレポーターによって占領される始末であった。さらに、三本のマイクロホンが、着席したデュナガン裁判官と向かい合う状態でセットされた。ケーブルとワイヤー＝ロープは、すべて、床の上を蛇行していた。[8]」

メディア側は、裁判をテレビで放送する権利は、連邦憲法修正第一条に内在しており、また、公開の裁判に関する被告人の連邦憲法修正第六条の権利を支持するものであることを論拠とした。これに対して、反対派の立場は、テレビによる放送は、デュー・プロセスに関するエステスの基本的な権利を侵害することになる旨を強調した。この相争う主張において、エステス事件の裁判所は、微妙な釣合いを保ったのである。結局、裁判所は、デュー・プロセスの関係のほうが優先する、との結論を示しながら、これに、ルイジアナ州のリドー事件(9)のルールを適用した。このルールは、公正な裁判を受ける被告人の権利を本来的に侵害するような手続は、それに関しての実際の影響にもかかわらずに、被告人に法に関するデュー・プロセスを認めないことになる、というものである。(10)

(8)　The New York Times, Sep. 25, 1962, at 46, col. 4.
(9)　Rideau v. Louisiana, 373 U. S. 723 (1963).
(10)　381 U. S. 532, 543, 550.

エステス事件において明らかにされた事柄にかかわる、あらゆる種類の法廷の悪用にとって、アメリカ法律家協会の綱領35が、そのときまでに、それほど重大で、また、それほど注文通りであったとは思われてこなかったのである。ここで、綱領35が、「裁判所での訴訟手続を、ラジオで放送したり、また、テレビで中継したりすることは、手続にとって本質的ともいえる荘重さを損なうことになったり、(中略)裁判所の体面を傷つけたり、そのほか、一般の人々の気持ちの中に誤解をもたらすなどのことが考えられる」[11]と単刀直入に述べていたことが思い出される。おそらく、裁判の公平な観察者は、綱領の断固たる言葉遣いでは、言い逃れられなかったであろう、とみていたとおもわれる。なぜならば、綱領は、エステス事件のような、けばけばしい法廷の光景を考慮して起草されたにちがいないからである。

(11) Canon 35 as it read in 1952.

テキサス州の巡回裁判所の、一九六二年一〇月の審理中に、エステス事件の法廷を圧倒していた、あきらかな大混乱のすべてに関しては、公正を期する意味で、二つの事柄に注意しておかなければならない。まず、はじめに、報道記者の機動力のすべては、比較しながら説明するならば、手続の間じゅう、しっかりした訴訟指揮を行っていた公判裁判官の注意深い監督の下で発揮されていたのである。つぎに、エステス事件の判決をくつがえすにあたり、連邦最高裁判所は、報道記者の活動と公正な裁判を受ける被告人の権利に対する直接の侵害との間に、いかなる関連をも見つけることができないでいた。[12]しかし、このような事情にありながらも、エステス事件で最高裁判所に反対した者でさえ、テレビの放送が、被告人にひどい仕打ちをした事実を認めるに至っているのである。[13]そうであるとするならば、エステス事件での判断を評価したり、その際にテレビに反対するために申し立てられた多種多様な不平を列挙してみたり、さらに、最も注目に値するものを念入りに調べ上げたりなどすることは、必要不可欠になってくる。その場合に、真実として残るものは、裁判を放送することからもたらされる、「積極的な要因」を考慮できるようにすることである。このようにすれば、たとえば、テキサス州のＮＢＣ支局の「トゥナイト・ショウ」を、テープに録音した裁判の報道が、先取りした、という連邦最高裁判所のアール・ウォーレン首席裁判官の不平に言及する必要はなくなってくる、といえる。[14] この「提携にもとづく悪化」の論証は、重要とはいえない。さらに、裁判のテレビ放送は裁判手続に基礎的な娯楽を与えることになる、と主張する、より大きな種類の不服申立ての中に含められることになる。

結局のところ、議論の枠組みは、事例自体によって提示されたのと同じもの、すなわち、物的、心理的、法律的の、三つの種類における反対の理由の分析ということになろう。

(12)　381 U.S. 532, 544（クラーク裁判官の見解を参照されたい。）
(13)　ブレナン裁判官とホワイト裁判官の見解を参照されたい。
(14)　381 U.S. 532, 571（ウォーレン首席裁判官の見解を参照されたい。）

第二節　事件の分析

一　概　説

裁判のプロセスでのテレビの使用は、「裁判所の手続の中に関係のない要素」を入れることになる、ということがエステス事件の多数派によって強く主張せられた。[15] このことは、テレビに反対する裁判所の考えが、少なくとも、ある程度は、メディアのニューサンス（不法妨害）にもとづいていて、全面的に、公正な裁判を受ける特定の被告人の権利からもたらされる不正で有害な力によるものではない、ことを指摘しているものとみられる。ゴールドマンとラーセンが、「裁判所の非難のすべての基本線は、テレビの存在が、実質的に真実を突き止めるにあたり、必ずしも、貢献できておらず、また、論証できることであるけれども、事実認定をまったく損なうことができるものであった」と論評を加えたときに、この点に注意が払われることになったのである。[16] このような裁判所の態度は、「理に適った真実の追及」を、テレビが物的に混乱に落とし入れることになる、という批判以上に、はっきりしたものは、どこにもなかったのである。[17]

(15) 381 U. S. 532, 544（クラーク裁判官の見解を参照されたい。）
(16) Goldman and Larsen, News Camera in the Courtroom During State v. Solorzano : End to the Estes Mandate? 10 S. W. U. L. Rev. 2025-24 (1978).
(17) 381 U. S. 532, 551（裁判所の見解を参照されたい。）

二　裁判手続の物的混乱

この特別の問題の根本においては、公判の裁判官を含めて、何人といえども、二つの事柄を同時に行うことはできないし、また、それらを立派に処理することもできない、という基本的な見方が存在する。法廷内のテレビ・カメラの存在は、公判の裁判官が、テレビのプロデューサーの身なりまでをも引き受けなければならないところから、うわべだけは実施されたことになる裁判の保証になるのであろうか、という疑問を生ずる。エステス事件において、ウォーレン首席裁判官は、裁判官は、テレビによる放送と報道記者の行動に関する規則を、やむなく、七回にわたって作らざるを得なかったために、裁判官の注意能力は審理からそらされてしまった、と述べていた。四台のテレビのカメラの鼻の部分が、ブース（小さく仕切った部屋）のすきまから突き出ていた。このことから、ウォーレン首席裁判官は、裁判のいかなる関係者もマスメディアの存在には注意を払わないでいることはできなかった、との論評を行っていたのである。[18] これは、あらかじめ決められた、裁判の実施という仕事から、人のエネルギーをそらしてしまうことになる、まぎれもない証拠といえた。

いずれにせよ、裁判所は、テレビの事業を仲介するに際しては、明らかに、常に、どのような点に関しても、細心の注意を払ってきたのである。このようなわけで、①特別の照明の方法を求めたとか、あるいは、②法廷に異例の変更を必要としたなどの証拠は、マスメディアをとがめるようにする傾向を裁判所に与えることになる、とまでいわれた。テレビによってひき起された物的な混乱が、裁判のプロセスの礼儀正しさを台無しにすることになる、というのが裁判官側の標準的な主張である、といってよい。

しかし、裁判の物的な混乱との関係でもたらされることになった議論の大部分は、もっとあとの時代においては、進歩した科学技術によって問題を解決することができる、という見通しの下で始められることになるのである。たとえば、ホワイト裁判官は、テレビの影響についての情報がまったく不足していたために、恒久的な理由によって法廷でのテレビを禁止することができなかった、という理由によって意見を異にしていた。ウォーレン首席裁判官でさえも、「この事件において明らかにされたように、テレビ中継された裁判の弊害は、カメラの出現やその騒音にあるのではなく、裁判の関係者が、テレビで放送されていることに気づいている事実に求められる」との見解を抱いていた。[19] そのため、比較的最近における実験的な事例の研究は、最新のテレビの技術に関する問題に対して、その答を与えてくれるようになるかもしれない、といわれるようになってきた。もっとも、そうはいっても、確かめることの極めて難しい問題とされるのが、ウォーレン首席裁判官がそれとなく指摘していた、裁判の関係者におよぼす心理的な影響なのである。

(18) 381 U. S. 532, 568.
(19) Id. at 570.

三　裁判の関係者の心理的混乱

1　概　説

この部分の問題の複雑さを十分に理解するためには、しばらくの間、エステス事件から離れて、このテーマに関するアメリカの裁判官による二つの見解を比較してみるのがよいかもしれない、という指摘がみられる[20]。

コロラド州の首席裁判官のエドワード・プリングルは、一九五六年以降、同州におけるテレビ中継された裁判を管理してきた。同裁判官は、「これまで、陪審員が完全に混乱してしまった姿をみたことがない。(中略) また、証人が、ことさら、人の気を引くようなことをしたのもみたことがない。（中略）裁判官が、もしも、人目につきたがるような人であることを欲しているならば、いずれにせよ、そのような人になるはずである」と述べている。[21] 一方、これとは対照的に、アメリカの公判裁判官で、法廷でのテレビの問題について、慎重な取組み方を指導してきた、解説者のドナルド・R・フレッツは、つぎのような説明を行っていた。「イースタン航空は、判決で決められた一六〇〇万ドルの債務を不服として上訴に踏み切った、といわれる。その理由は、陪審員が、テレビのニュース番組に強く心を動かされてしまい、『さらにテレビの放送があるだろう、という希望や期待をもちながら、極めて見せ物的に、それでいて、ニュースの価値があるような評決を行おうとする、誤った刺激を与えられてしまった』からということらしい。[22]」

ニュース・カメラを法廷内に配置することによってもたらされる心理的な影響に関しては、常に、最も議論のあるところといえる。法廷内のテレビのせいにすることができた損害の、すべての原因に対しては、ほとんど理解が得られていなかった。このことは、相反する引用文が示しているように、また、エステス事件の裁判中そうであったように、今日でもあてはまる、といわれている。[23] 法廷内の放送の、関連する心理的な問題は、心理学者が心配すべきことであって裁判所ではない、とテキサス州の弁護士が主張したときには、最高裁判所よりは、かれらのほうが、より一層、実際的であったかもしれなかった、との見方がある。[24] もっとも、裁判所は、この問題に答えて、単なるニュース・カメラの存在がひき起すことのできる、予想される損害についての、わかりきった範囲を見極めるのに、心理学者を利用するにはおよばない旨を強調していた[25]。エステス事件においてのクラーク裁判官の最も印象に残る論証は、陪審員や証人や裁判官や被告人などの裁判の関係者のそれぞれに対しておよぼす、テレビの有害な心理的影響の列挙であった。裁判所によるならば、関係者には、このほかに、裁判のプロセスについての、テレビの正確ではない描写によって被害をこうむることになる視聴者も加えられることになろう[26]。要約すると、議論の大半は、つぎのようになる。

(20) Lorne H. Abugov, 5 Dalhousie L. J. 694, 708 (1979).
(21) Stone and Edlin, T. V. or Not T. V.: Televised and Photographic Coverage of Trials, 29 Mercer L. Rev. 1119, 1132 (1977-78).
(22) F. Graham and D. Fretz, Cameras in the Courtroom: A Dialogue, 64 A. B. A. J, 545, 550 (1978).
(23) L. H. Abugov, 5 Dalhousie L. J. 694, 709.
(24) 381 U. S. 532, 541.
(25) Id. at 550.
(26) L. H. Abugov, 5 Dalhousie L. J. 694, 709.

かもしれない。

2 陪審員

アメリカにおいては、陪審員に与える、テレビの予想される影響は、最大の重要性をもつ

(1) 事件がテレビ中継されるとなると、公判の裁判官が知らせたときから、一般の人々の関心をひく論戦となる。将来の陪審員を含めて、社会の全体は、事件を取り巻く、すべての病的な細かな部分まで興味をもつようになってゆく。どのような陪審員も、みな、陪審員席に、これらの重々しい事実を持ち込むようになるのである。このようなわけで、すべての刑事事件においては、起りうる偏見の機会を増やす結果をもたらすことになる、といえる。

(2) テレビで放送されることになった陪審員は、友人や隣人などから注目されていることを知っていて、プレッシャーを感じないわけにはゆかない。また、社会が被告人をこころよく思っていなければ、テレビで放送される陪審員は、裁判を見た隣人にその返答をしなければならないと感じて、州と被告人の間の均衡状態を、適切に、明確に、誤りなく、保ってゆくようにしなくなるのは無理からぬことといえる。

(3) 「陪審の混乱」の問題を、陪審員が、はっきり理解している事実を知っている人々がいる。裁判を通じて陪審員によって自覚されることになるのは、テレビで放送されていることの事実の認識である。陪審員の目がカメラにひきつけられてしまうだけではなく、このほ

かに、証言よりも、むしろ、テレビで放送されることに、すっかり心を奪われてしまう事態を招く。

(4)　帰宅してからは、陪審員は、自分がどのように映ったかを、ただ知りたいために、テレビをつける。しかも、かれらは、放送の内容についての解説や批評、ならびに、ことによると、友人や縁者や町かどで知り合った詮索好きの見知らぬ人々などの、悪気のないアドバイスの影響を受けてしまうかもしれない。

(5)　テレビの放送があったときには、予想される陪審員は、おおもとの裁判を、たびたび、見たり、また、聞いたりしているという点では、新しい裁判は、率直に言って、危険にさらされてしまうことになる[27]、といえよう。

右のうち、最初の三つの論点の中には、事実上、二つの考え方が含まれている。その一つは、テレビは、法廷内においては、決して、在り来りの事柄にはならないであろう、ということである。つぎは、エステス事件の裁判の間に到達したレベル以上にテレビの技術が著しく進歩することは、まず、ないであろう、ということである。たとえば、法廷における放送が開始された初期のころにおいては、病的なといえるほどの好奇心のために、陪審の名簿の中から陪審員を選ぶのが、困難な状況にあった。しかしながら、コロラド州の経験が示すように、テレビで放送された裁判が、人々の気持ちの方向を、ひとたび、習慣化させてゆくならば、熱狂的な関心は、急速に、横ばい状態になってゆき、問題は消滅するに至る。さらに、クラーク裁判官の第二の論点は、まさに、その本来の性質から言って、人々の感情を刺激する傾向のある最も憎むべき犯罪に対しては、あてはまるかもしれない。しかし、重い足どりで歩いてゆく、鈍いと安心して呼ぶことのできる、どちらかと言えば、非常に多くの事例の場合においては、そうはいえないのではないか、との指摘がみられる。(28) これとともに、比較的悪名の高い事件の場合においては、社会の痛烈な批判から、陪審員を確実にひき離すようにする、という特別の配慮が必要になる。

第三の考え方は、テレビというハードウェアは、ひどく目立つことはないと保証できるほどに、十分に世慣れすることはないであろう、ということを前提にしているのである。そうであるとするならば、裁判所の指摘する根拠を考慮に入れないようにするためには、まさに、壁の中で組み立てられたカメラを用いて法廷を作ることだけを高く評価しなければならなくなってくる、といえよう。

第四と第五の論点に関しては、とくに、陪審が隔離されていない大多数の事件の場合には、問題は、現実に存在することになる。しかも、裁判の運営を脅かすに至る損害が、測りしれないものになることは、ほとんど、疑いがないようにおもえる。これらの場合に、陪審員が、法廷の外で行うものは、裁判所との関係においては、適切な領域にはならないのである。

(27)　381 U. S. 532, 545-47.

(28)　L. H. Abugov, 5 Dalhousie L. J. 694, 710.

3　証　人

刑事裁判においては、証人の証言の性質は、しばしば、害されることになる。

(1)　証人のうちのある者は、まごついたり、また、びっくりするかもしれない。また、ある者は、気どったり、あるいは、誇張して話をするかもしれない。だれとでも、おおっぴらに話をすることになるので、記憶は、とぎれとぎれになることがある。このほか、供述の正確さが、ひどく損なわれるようになるかもしれない。さらに、脚色しすぎる傾向が、どうしてもみられるために、その過剰が、真実の追及を妨げることになってしまう。

(2)　裁判がテレビで中継されるという、ただ、それだけの事実に過ぎないとしても、確かに、証人は、出廷したがらないようになるかもしれない。また、そのために、真実の発見だけにとどまらずに、裁判そのものが妨害されることになるのである。

(3)　このほか、好奇心に満ちた他人や変り者などが、町かどで、証人に近づいてゆき、訳のわからないことを、早口でしゃべったり、また、アドバイスしたり、あるいは、証言についての説明を求めたりなどするかもしれない(29)。

右で述べられた議論のすべてにおいての大半の考え方は、つぎのようになる。つまり、標準的な報道の取材に対しては、それぞれは、同じように適用される。しかし、その一方では、あらゆる行為、あらゆる言葉やニュアンスを取り込んでしまうニュース・カメラの能力は、テレビのために緊張している証人に、かなり多くの心理的な混乱を与える結果を授けてしまう。これらの主張に対する裁判所のハンディーな論法は、大部分の州においては、裁判の関係者の全員の同意を得なければ、テレビの放送を許可しないようにすることにある。[30] もっとも、この事前の同意は、現実の問題である、カメラが、ひとたび、回転をはじめたならば、証人の精神状態を証拠だてるようにすることはできない。

最初の二つの論点が、正しく評価される前に、経験の豊富な証拠が必要になってくる。ソローザノ事件とザモラ事件を検討している間に、問題が、再び、提起されることになった。新聞には、引用文とともに、証人の名前や写真が載り、同じような運命が待ち受けているので、三番目の主張は、無視することができる。この点は、法廷外のアドバイスや批判を、のちの評決の中に取り入れるかもしれない陪審員には、明らかに危険をもたらすことになる。とはいっても、それは、証人の証言の場合においては、目につくほどの影響を与えるものではないようにみえる。[31] なぜならば、① テレビによる放送が行われるときまでに、証人は、既に、証言を終えてしまっているかもしれない。② 公のコメントによってもたらされる逸脱を徹底的に調べるために、使用することのできる公判前の供述録取書を既に与えている可能性がある。③偽証罪についての脅しは、陪審員ではなく、証人にのしかかってくる。

(29) 381 U. S. 532, 547-48.
(30) L. H. Abugov, 5 Dalhousie L. J. 694, 711.
(31) Id.

4　裁判官

問題の主要な部分は、テレビの存在が公判の裁判官にもたらすことになる追加の責任にある、といえる。

(1)　物的な妨害はわきに置くことにして、ただ単にテレビの存在を知ることだけで促される、常に問題をかかえる混乱がある。裁判官も人間なのである。

(2)　裁判官が選ばれるような制度の場合には、テレビの放送は、とくに、よくない。裁判をテレビで放送することは、政治的な武器となる。このことは、かれの注意を被告人に対する公正な裁判という身近な仕事からそらしてしまうことになる。

(3)　ニュース・メディアが、直接にか、あるいは、世論の形成を通して、かれらに影響をおよぼすことができるプレッシャーに対して、気がつかないままでいるのは難しい。

(4)　たとえ一つの地方、または、一つの州であったとしても、一人の裁判官がテレビによる放送を許可する場合には、他の人々も同じことを行うようにするという要求は、ほとんど、必須のことといえる。[32]

裁判所について追加しておかなければならない心配は、公判の裁判官の予想されるショーボート、つまり、人目につきたがることである。[33] この点は、第二の論点とは異なる。なぜならば、それは、政治上の利益の追及からもたらされるのではなく、むしろ、すべての人々の中にある、生まれつき持っている、演技の過剰な役者ということより由来することになるからである。裁判官の選出が任命制であるところでは、テレビの視聴者によって選ばれるわけではないので、問題の政治的な側面については、心配する必要はない、といえる。しかしながら、裁判の手続を劇的に表現しすぎる傾向に関しては、裁判官側は、絶えず、関心を寄せるようにする必要があろう。[34]

最初の問題は、通常は、マスメディアと個々の裁判官の協力によって、テレビによる放送の制限を定めるための公判前の協議の方法を用いるようにすれば、ごく簡単に正すことができる。最も難しい問題は、「世論という火」をあおりたてるテレビの能力によって、裁判官に課することになる余分の負担であるかもしれない。とはいっても、この点をテレビ放送に反対するための決定的な要因にすることはできない。なぜならば、経験的なテストが行われてきているわけではないからである。しかも、また、担当の裁判官の気質を有効に評価できるような測定方法であるとも言えないからである。[35] 職業上の危険の点では、考慮からはずさなければならない。理由は異なろうとも、最後の論点も同じといってよい。エステス事件以降行わなければならないことは、法廷でのテレビの問題に関して、州の最高裁判所が、州の全部にわたって妥当するルールを定めることであった。このようなことから、テレビ放送を許すことについての裁量の自由を公判の裁判官に与えるときには、一人の裁判官によるケース・バイ・ケースの解決は、同僚の一人または全員が行う同種の決定によって影響されることはない、といえよう。[36] いずれにせよ、テレビ事業による全面的な協力が、行く手を広げてゆくならば、裁判官が法廷内のテレビによって影響を受けることは、ほとんどあり得ないかも知れない、との意見が述べられている。[37]

（32）　381 U. S. 532, 548-49.
（33）　L. H. Abugov, 5 Dalhousie L. J. 694, 712.
（34）　Id.
（35）　Id.

(36) Id. at 712-3.
(37) Id. at 713.

5 被告人

テレビの存在は、一種の精神的な苦しみであって、警察の面通しの列や警察による拷問に似ているのである。

(1) 裁判という、つらい経験をしている間、ジェスチャーや表情などについての逃れられないクローズアップは、被告人の個人的な感情や尊厳や目の前の裁判手続に専念する能力を、おそらく、ときには生と死の違いほどに、感情に左右されないで、自由に、しかも、広範囲におよぶ一般の人々の監視の目に気を散らされることなく、侵害することになろう。

(2) 特定の犯罪のために裁判を受けている被告人は、スタジアムではなく、また、都市や全国的な規模でのアリーナでもなく、裁判所において、審理を受ける機会が与えられる。

(3) テレビで放送することは、被告人に有効な協議を行わせないようにするかもしれない。なお、混乱や弁護士と訴訟の依頼人との親密な関係への侵入や視聴者のためにテレビが申し出る演技の誘いなどは、しばしば、弁護士だけではなく、裁判官や陪審や証人などに対しても、直接の影響を与えることが見込まれる(38)。

右の論拠は、いずれも、そのきびしさのために、攻撃の対象にすることは可能なのである。ところが、それにもかかわらず、裁判の場においては、他のすべての人々とのかかわりあいに勝る、被告人に対する関係を反映させなければならない状況におかれる。しかしながら、第二の論点だけは議論の余地がない、といってよい。なぜならば、心理的な混乱よりは、法律上の権利の侵害についての議論のほうが、どちらかというと、したがいやすいようにおもわれるからである。(39) 被告人に対する現実の関係は、つぎのようなことになる。つまり、裁判の運営を促進させることと、かならずしも、常に、かみ合うとはいえないために、他の若干の場合とは反対に、公判の裁判官は、テレビの放送のために無計画に被告人の裁判を選ぶかもしれない、ということである。(40)

(38)　381 U. S. 532, 549-50.
(39)　L. H. Abugov, 5 Dolhousie L. J. 694, 713.
(40)　Id.

6　テレビの視聴者

エステス事件の裁判所は、幾度か、テレビで放送された裁判所の審理についての視聴者に与えると予想された、ゆがめられた影響に、それとなく触れていた。その当時放送されたペリー・メイスンによってひき離されてしまったために、家庭の視聴者の大部分のものは、裁判所の仕事を知っていない。理想から言えば、テレビは、問題の解決には適していないのかもしれない、とまで言われた。[41] ところが、それの使用が、教育用の道具に関する限りにおいては、広いマーケットを手に入れることができるために、テレビは、マスメディアのリストのトップにくることになる。[42]

しかしながら、裁判所は、テレビのネットワークの教育的な使用に不利に作用する放送事業固有のいくつかの要素を認識していた。それらの要素の中には、つぎのようなものがみられる。① エステス事件においては、視聴者は、裁判のプロセスを知るという関心からではなく、事件の悪評の高いことから、身の毛もよだつような理由のために、多く、チャンネルを回すようにしていたのである。[43] ② テレビの商業放送としての性格は、スポンサーの面と高い視聴率を確実なものにするために、事業の経営陣を強要して、事件の中の最高に興味をそそる部分を研ぐようにさせることになる。[44] ③ 一般の人々にみられているために、編集の過程における最終の出来上りの部分においては、ものすごい効果をもたせることができる。裁判所が教育的な価値を考えるとおもわれる場合の多くは、フィルム編集室のフロアにおいてけりがつけられることになる。[45] ④ 一般の人々の自然な傾向としては、裁判の生死をかけた部分については、別に気にとめるようなことはしないで、それよりは、むしろ、娯楽としてみるようにする。[46]裁判の目的について、一般の人々が誤った印象を得るところから、裁判手続の荘重さや礼儀正しさはむしばまれ、また、裁判制度に対する全般的な損害と並んで教育的な価値も薄らいでゆくことになる、と裁判所は考えた。[47]

ダルハウジー・ロー・スクールのローン・H・アブゴーは、つぎのように述べている。

「多数の視聴者に与えるテレビの一般的な影響を調査するために、心理学者と社会学者は、ばく大な時間を費やしてきた。それにもかかわらず、答よりも疑問のほうが、はるかに多く残っている。その上、法廷におけるテレビについての論争は、そのほかの、答の得られていない問題を生じた。しかしながら、一つの事柄は間違いない、といえる。裁判のテレビによって大きくなっていった世代は、おそらく、われわれの世代とは、かなり異なった裁判の運営についての考え方をもたないわけにはゆかなくなる。そのような異なった態度が、どのようなはっきりした形をとるようになってゆくのかについては語ることができない。また、憶測するのは危険といえよう。他方において、状況は、経験から得られた証拠を、より多く求めているのである。[48]」

(41)　L. H. Abugov, 5 Dalhousie L. J. 694, 713.

(42) Id.
(43) 381 U.S. 532, 592（ハーラン裁判官の見解を参照されたい。）
(44) Id, at 571-74（ウォーレン首席裁判官の見解参照されたい。）
(45) Id. at 574（ウォーレン首席裁判官の見解を参照されたい。）
(46) Id. at 575（ウォーレン首席裁判官の見解を参照されたい。）
(47) L. H. Abugov, 5 Dalhousie L. J. 694, 714.
(48) Id.

四　公正な裁判を受ける被告人の権利に対する法律上の不利益

エステス事件の判決の冒頭において、ウォーレン首席裁判官は、つぎのように明言していた。

「一般の人々のために、刑事裁判をテレビで放送することを、州の裁判所が、全般にわたって許可するときには、連邦の裁判所の場合には、連邦憲法修正第六条に、また、州の裁判所の場合には、連邦憲法修正第一四条に、それぞれ違反することになる、とわたくしは信じている。このような結論は、三つの理由にもとづくのである（中略）(3) 若干の被告人を選び出して、他の人々が経験しなかったような権利の侵害的な状況の下で裁判を受けさせることである」[49]。

テレビ放送のための裁判の選択も、また、それに続くテレビの放送そのものも、ともに、ウォーレン首席裁判官の気持ちとしては、潜在的に、公正な裁判を受ける被告人の権利を侵害することになる旨を、このコメントは指摘するのである。選択そのものが害をもたらすことについては疑う余地はない。被告人の苦情に耳を傾けなかったエステス事件のような場合には、とくに、そうである、といえる。実際には、裁判官は、言ってみれば、教育的な価値にもとづいて、報道のために一定の裁判を念入りに選ぶかもしれない。しかし、このことは、同意を与えない被告人の権利をふみにじる結果をもたらしてはならないわけであって、そのために、テレビ中継されることになった放送を禁止する措置がとられることになる。フロリダ州のザモラ事件が、被告人からの一貫した拒否権の行使を受けていた裁判官による、一年間にわたるむだな検討の後に、テレビのために選ばれた事実を指摘するのは興味深いことといえよう[50]。

（49）　381 U.S. 532, 565.

（50）　See In re Petition of Post-Newsweek Stations, Florida, Inc. for Change in Code of Judicial Conduct, 347 So. 2d 402 (1977).

五　裁判のテレビ中継についての反対論の総括

公判の手続に対するテレビ放送による物的な混乱は、エステス事件においては、一つの要素であった。しかし、その際にあっても、裁判官は、改善された技術の出現のための機会を与えるようにしていたことに注意しなければならない。さらに、事態が手に負えないぐらいに悪くなってゆかなかったならば、訴訟手続の物的な混乱にもとづくテレビによる権利の侵害を受け入れる論法を被告人が築き上げていったとするならば、ほんのわずかばかりの成功は収められたかもしれない、といわれた(51)。

(51)　L. H. Abugov, 5 Dalhousie L. J. 694, 715.

裁判の関係者の心理的な混乱の問題は、それに関する初期の調査の段階においては、依然として、複雑な分野であった。心理的な性質については、陪審員が、裁判所内における権利侵害の影響を最も受けやすいことは立証されてきている。もっとも、極めて興味深いことに、その影響の効果が、家族や友人を通して、あるいは、自らの行動を当日の夜に見るものによってさえも、法廷の外において起ることが明らかにされているのである(52)。証人ならびにそのものの証言の性質に関しては、テレビにかかわる問題の多くが、記者団の出席によってそれまでに持ち出されたものと、著しく似ている。ここでの違いは、程度のそれであって、種類ではないのである。テレビは、停止の地点を越えて一定の証人を推し進めるようにするかもしれない、と主張できることになろう、といわれる。[53]

テレビ事業からの十分な協力を得ながら、裁判官は、裁判中に、いくらかの新しい管理上の役割を負うことになってゆく。それにもかかわらず、かれは、独力で、うまくやってゆくことができるかもしれない、と見込まれているのである。他面において、一つの階層に属する裁判官が、裁判の関係者の他の人々よりも、やや堅固な心をもっている、との見方はできない。また、多くの場合、被告人は、強制的に供述を求められることがないために、カメラの存在によって、直接、不当に影響を受けることはない、といえる。他の関係者に与えるカメラの影響や法廷内における全般的な雰囲気などによって、間接的に心理的な影響を受けるにとどまる。一方、テレビを見る一般の人々は、いろいろな方法によって、ほとんど確実といえるぐらいに影響を受ける。ところで、このような研究の分野については、裁判所ではなくて、社会科学者にその決定を任せるべきである、といわれている。[54]

(52)　L. H. Abugov, 5 Dalhousie L. J. 694, 715.

(53) Id.
(54) Id. at 716.

被告人に対する法律上の不利益は、二重の悪で構成される。公正な裁判を受ける被告人の権利は、これまでに述べてきた理由のうちの、いずれかの悪用によって侵害することができる。さらに、テレビによる放送の行われる裁判を選ぶという、ただそれだけの場合であっても、同意を与えないで裁判所に決定できないようにする被告人の権利が保証されなければ、権利の侵害になりうるのである。(55)

(55) L. H. Abugov, 5 Dalhousie L. J. 694, 716.

第三節　テレビ放送に賛成する事件による反駁

法廷におけるテレビ放送に賛成する者は、それについてのケースを論ずるにあたり、必要なツーステップのプロセスによって、常に、不利な立場に立たされてきた。まず初めに、エステス事件の判決によって提起された論拠の「雑然とした状態」を帳消しにしなければならない。そのことに、ひとたび着手したならば、つぎには、自らの論点を十分に納得させるようにしなければならないことになる。つぎの三点が挙げられる。①テレビ中継された裁判は、教育上、有益な機能を果すものであること、②一般の人々の知る権利を強めることになること、③マスメディアにかかわる者は二流の国民である、という不当な状態をテレビ放送から解消するようにすること、などである。[56]

綱領の35についてのコロラド州の言及から判断すると、オットー・ムーア裁判官は、事実上は、法廷内におけるテレビの存在を支持する最初の擁護運動者であった。[57] 綱領の35を擁護するために持ち出された論拠の大部分を注意深く検討した後に、同裁判官は、かれにしたがう他の人々と同じように、それらを系統だって攻撃していった。

まず初めに、テレビは娯楽の部類に入ることになろうという主張に対しては、同裁判官は、「ある人にとっては楽しみとなるものが、他の人には教訓を授けることがある」との判断を示したニューヨーク州のウィンタース事件[58]の最高裁判所の判例を引合いに出した。

(56) L. H. Abugov, 5 Dalhousie L. J. 694, 716.

(57) In re Hearings Concerning Canon 35 of the Canons of Judicial Ethics, 296 P. 2d 465 (Colo. Sup. Ct. en banc) (1956).

(58) Winters v. New York, 333 U. S. 507, 510 (1947).

つぎに、かれは、世間に知られていない弁護士や裁判官などを含めて、裁判の関係者の中の、ある人々は、「俗受けをねらう」機会をとらえることになる、という考え方と取り組んだ。経験によるならば、ムーア裁判官は、実際には、まったく正反対のことが起っていた事実を知るに至っている。(59) 何一つ見逃さないテレビの目を受けながら、弁護士や裁判官などは、かなり的はずれの論戦を行うことに、一生懸命、精を出していたわけである。しかも、その上、かれは、カメラに映った無作法な人は、いつもの場合となんら変らないようであった、と推測していた。

「すべての国民の憲法上の権利を否定することはできない。なぜならば、ごく小数の人々は、そうでなければ、無礼なふるまいをするかもしれないことの外に、比較的多くの視聴者の前で馬鹿なまねをする可能性が考えられるからである。(60)」

さらに、かれは、被告人のプライバシーの権利やマスメディアのゆきすぎのおそれや裁判手続の礼儀正しさにおよぼすテレビの放送の有害な影響などの、別途に考えられる問題を処理した。裁判は国事にかかわる行事であって、法律は、それに伴うプライバシーの権利を認めるものではない、とかれは主張している。このようにして、ジャーナリズムに特有の暴徒の危険に関しては、裁判所は共同の資源についての保証を与えることになる、との結論を示すのである。なお、このほかに、かれが、裁判所内の放送に対して全責任を負うことになる

「常勤のメディア・法律家協会」の設立を提案していたことを指摘しておきたい[61]。

(59) L. H. Abugov, 5 Dolhousie L. J. 694, 716.

(60) In re Hearings Concerning Canon 35 of the Canons of Judicial Ethics, 296 P. 2d 465, 470 (1956).

(61) L. H. Abugov, 5 Dalhousie L. J. 694, 717.

他方において、ジェローム・ウイルソンは、月並みな議論を進めてゆきながら、テレビ放送を必要とするのは裁判所であって、その逆ではない、という興味深い取組方をしていた。概して言えば、裁判所関係の報道は、テレビの放送局のマネージャーの優先リストの中では、かなり下のほうに位置することになろう、とかれは述べるのである。

「まったくのテレビ放送の観点から言うならば、どんなによくみたとしても、法廷にまつわる話には、結局のところ、見た目には、動きがないのである。極めて長い時間にわたって、撮影班を拘束することになる。一般の人々が裁判の手続を理解できないことが、時には、起る。[62]」

つぎのようなこともつけ加えている。

「テレビによる放送という、ニュース・コミュニケーションについての、国の最も重要な方法がないと、裁判制度は、次第に、はっきりしないものになってゆく。テレビに関して言うならば、それは、極めてうまくいっているのである(63)」。

しかし、右に述べた事情にもかかわらず、かれは、法廷内のカメラの存在に対しては、依然として、強い賛成の意向を示すのである。自然の光を利用しながら、音のしないように撮影できるカメラを一台使えば、物的な混乱の問題は有効に解決される、とウイルソンは言う。綱領の3A(7)が教育の目的のためのテレビのカメラを認めているので、いずれにせよ、かれは、この点に関する苦情の重要性を考慮に入れないのである。カメラは、他の物と同じように、まさに、教育的な価値のために選び出された裁判を混乱させることになるのか、あるいは、ならないのかが問題になるわけであるが、それでも認められている。また、かれの経験によれば、カメラは裁判の関係者を心理的に混乱させる、という見解を支持するまでには至っていない。裁判の手続が、ひとたび始まれば、カメラは、たちどころに忘れ去られてしまうことになる、とかれは示唆する。

ウイルソンは、さらに、テレビ放送は裁判の荘重さや礼儀正しさを損なうどころか、威張りちらすかもしれない裁判官や、スタンドプレーをしたり、あるいは、双方のことを行うかもしれない弁護士が、一斉に、被告人や証人などを威圧するような行動に出るならば、かれらに裁判の荘重さを破らないようにさせることによって、現実には保護をはかることができる、とも述べている。なお、かれは、テレビ中継された裁判によって視聴者に刻み込まれることになった効果は、当然に裁判上の事柄に属することにはならない旨を指摘する者の考えに賛成する。

一方、教育上の価値についての論拠に対しては、ウイルソンは、エステス事件の裁判官の多くが、その考え方を支持していたことを認める。たとえば、ハーラン裁判官は、テレビ放送は、「一般の人々に裁判における訴訟手続のプロセスを紹介すること」によって、教育上の目的にかなうことになろう、と述べていた。とは言っても、この部分の事柄が、憲法とかかわりあいをもつ議論ではないことは感じていたのである。[64] さらに、かれは、裁判所の手続の中において、一般の人々の関心を、より一層ひき起すのに適している方法は、他にはない、との取組方をしている。元CBS会長のフランク・スタントンのつぎのようなコメントを引用している。

「人々に、直接、利用できないようにしておきながら、運営上の唯一の声が裁判官のそれであるならば、裁判所が行う、意味の取り違えや誤った解釈や歪曲などは、避けられない。[65]」

(62)　J. Wilson, Justice in Living Color : The Case for Courtroom Television, 60 A. B. A.

J. 294, 294 (1974).

(63) Id.

(64) 381 U. S. 532, 589.

(65) J. Wilson, supra note 62, at 296.

法廷内でのテレビ放送に関する有益な見解の中で、さらに簡潔で役に立つ主張の一つが、ストーンとエドリンによってもたらされることになった。かれらは、つぎのような考えを明らかにしている。

「裁判をテレビで放送することは、教育上の有効な手段にも、また、社会生活に適合させるための仕掛けにもなることができる。このことは、裁判のプロセスの理論的な解釈やプロセスの個人との関係を広めるだけにとどまらないのである。このほかに、視聴者の意識の中において、制度との関連における、個人の権利や責任についての努力目標を高めることにも役立つといえる。この点は、視聴者に、われわれの社会におけるかれら自身の権利や責任を、より一層、気づかせることになろう。裁判制度が、その実施を任されているのである。[66]」

一九七九年まで、法廷内のテレビ放送に挑戦することから生ずる問題に対する解決への、はっきりした道筋のなかったことは、極めて明瞭といえた。[67] まったくの分量の点だけから言うならば、法廷内のニュース報道を広げることに反対する議論は、なおもその影響力を持ち続けていた、といえるかもしれない[68]。

しかし、揺れる振り子の遠近法の視点でみるならば、アメリカ合衆国における動向は、家庭の視聴者を、従来以上に含めるようにするために、一層強力に、法廷の壁を拡張することに対しては賛成してきている、とみられているのである[69]。一九五六年の時点に戻してみると、コロラド州における論及は、テレビのカメラが法廷内に入ることを許されるようになったときには、プラスの力とマイナスの力が、どのように働くかを、他からの助けを借りないで知ろうと努めたわけである。その後、問題を独力で選り分ける動きの中で、アメリカ合衆国の全体の波は、コロラド州のイニシアチブにもとづいて見つけ出そうとしていた。試みられたことのすべては、解明されるに至っている[70]。このうち、とくに取り上げる価値のある二つの事件を紹介することにしよう。

(66) Stone and Edlin, T. V. or Not T. V. : Televised and Photographic Coverage of Trials, 29 Mercer L. Rev. 1119, 1132 (1977-78).

(67) L. H. Abugov, 5 Dalhousie L. J. 694, 718.

(68) Id.

(69) Id.
(70) Id, at 719.

第四節　ソローザノ事件とザモラ事件

一　ソローザノ事件(71)

一九七六年六月二八日の夜の八時に、偶然、KLAS＝TV局にチャンネルを合わせた、ネバダ州ラスベガスの住民は、製作中の、地元の歴史についての観客となる、という極めてまれな機会に遭遇することになった。そもそも、ネバダ州においては、人々は、初めてテレビという方法を通して、刑事裁判に、直接、出会うことができたのである。テレビ放送は、「裁判：ネバダ州対ザビエル・P・ソローザノ」(Justice：The State of Nevada v. Xavier P. Solorzano) という表題をつけられた、四部形式のドキュメンタリーであった。これは、妻に対する殺人の未遂によって罪を問われた、違法な在留外国人についての実際の裁判を、五時間分に編集したビデオテープであって、テレビをもつ、地域の一三万二千の世帯の一部または全部に放送されたのである。

一年以上前から、ほぼその日に至るまで、公判裁判官のカール・J・クリステンセンは、ビデオテープ用の二台のテレビ・カメラを用意した法廷において、ソローザノ（Solorzano）に対する裁判手続を開始した。裁判に関係したすべての者の同意が得られた。テレビ局には、さらに、三つの条件が課せられることになった。すなわち、① 裁判手続に対する物的な妨害は許されない。② 上訴に関するすべての方法がなくなるまでは、裁判にかかわる部分は放送することはできない。③ 前述のような同意を必要とする。

ネバダ州の裁判所の決定と同州の規則は、綱領の3A(7)の表現形式ときわめて類似していた。このソローザノ計画をやり遂げるためには、裁判所は、その決定を、ある程度、曲げなければならなかったのである。法廷ではなくして、ネットワーク・スタジオからビデオテープにとられることになっていたために、計画が手間取ってしまったテレビ放送は、ソローザノ事件を規則から除いてしまったかのようにおもわれた。しかし、放送の教育的な性格が、事件を綱領の3A(7)の範囲内にとどめさせることになったのである。

(71)　この事件に関する検討のすべてについては、Goldman and Larsen, News Camera in the Courtroom During State v. Solorzano : End to the Estes Mandate ?, 10 S. W. U. L. Rev. 2001 (1978) を参照されたい。

ゴールドマンとラーセンは、このソローザノ事件が、二つの理由から、裁判用の気球として選ばれたことを認めるのである。①より多くの証人や比較的長くかかる裁判手続を必要とする、ほかの種類の裁判と比べて、裁判の事実関係の状況と予想された長さが、テレビ局の予算の制約内でもって十分にまかなえたこと、および、②一般の視聴者が、この種の犯罪、つまり、バーのある部屋での夫婦げんかの末の、妻に対する殺人未遂のような犯罪とすぐに関係づけることができたことによる。(72)

法廷における裁判手続のすべての瞬間は、ビデオテープに収められた。総時間は、約三五時間におよんだ。陪審の評議は撮影されなかった。裁判の間じゅう、陪審員は隔離されていた。放送は、法廷の外において専門の技術者が指図をしながら、二台のビデオテープ用のカメラを用いて、法廷内の二人のカメラマンが、このカメラを操作することで行われた。カメラは、陪審員席の左側と傍聴人がいる場所の後ろの方に、それぞれ、置かれた。裁判の最終日には、より好ましい状態でもって判決の言渡しをテレビ録画するために、さらに一台のカメラが裁判官席の反対側に持ち出されることになったのである。

最終的に出来上がった作品は、延べ五時間にもおよぶ、ドキュメンタリー・フィルムとしての値打ちのあるものであった。ナレーションの合間は、わずかである。また、視聴者を絞首刑のような状態のままにしておかないようにするために、コマーシャルによる中断のための時間が設けられた。各回のテレビ放送の始まりと終りにおいては、犯罪に関しての簡潔な再演と、裁判の主役の中のいく人かの人々とのテープに録音したインタビューが、プログラムを具体化するために放映された。それでも、ゴールドマンとラーセンが触れていたように、テレビのプロデューサーのねらいに関しては誤りがなかったのである。

「ディレクターの考えは、何よりも、まず、『感動的で審美的であるという基準のすべてを犠牲にしないでいて、しかも、なお、正確で事実に即した状況を明らかにしてゆきながら、いかにして法廷内の実際の出来事を厳格に守ってゆくか』という点におかれていた。（中略）ディレクターは、法廷内の一般の傍聴者が、興味やドラマの要素や退屈などのすべての気持ちをもちながら裁判の進行をみてゆくのと、ほとんど同じようにしながら、裁判を公開するつもりでいたのである。[73]」

（72）　Id. at 2035 n. 251.
（73）　Id. at 2038（スチュアート・マートランドの陳述から引用する。）

実験的とも試験的とも呼ぶことができる状況や、従来聞いたことがなかったような協力の姿勢にもかかわらず、さらには、あとの時点において裁判所の決定がテレビの放送のためにくつがえされることはないであろうという保証もないままに、ソローザノ事件が、正真正銘の合法的な裁判であり得た事実を理解するのは重要なことである、といわれている。被告人の運命が危機にさらされていたために、マスメディアの行動は非常に重要になっていた。ソローザノは、殺意のある暴行の罪が認められて、五年間の自由刑を言い渡された。法廷内のテレビを理由にした上訴はなかった。そのために、そのこと自体は、その時点までは相変らずしっかりと根を張りつめていた先例であるエステス事件の判決との関係においては、すぐれた業績といえたわけである。

裁判手続をテレビで中継することの適否については、裁判所の内部においては議論がみられなかった。そのために、裁判におよぼす影響に関するコメントは、裁判にかかわりあった関係者にゆだねられることになったわけである。ソローザノ事件は、エステス事件の認定とは完全に対立する立場に置かれていた。両者は、似たようなスタイルの事実状況を示し、また、ともに、同じような狭い範囲内の論点をもちながらも、二つの相反する決定をもたらすに至った。これは、ソローザノ事件の裁判の関係者からのコメントも、また、エステス事件の判決における予言も、いずれも、テレビ放送された裁判にとっては固有のものではないことを明らかにするのに役に立つことになった、といえる。

クリステンセン裁判官

「弁護人と証人と裁判官としてのわたくしは、公判中、各自の任務を完全に果たすために、少しばかり骨の折れることをしてみただけにすぎなかった。(中略)多くの場合、敵対形式の制度は、一般の人々には、十分に理解されていない。そこで、テレビで放送されたことの成果は、一般の人々に、裁判制度を、より良く理解させることについては、大いに役立ってきている、とわたくしは考えるのである。(中略)すべての人による(カメラについての)この点の認識は、ベストを尽すに際して、すべての人によって示される、まじめな要求に帰着するように、わたくしにはおもえた。法廷における裁判手続の特徴は、真剣さ、心構え、服装、態度、および、裁判官と弁護人の両者が陪審裁判の場において一生懸命努力する事柄と注意とは別の特質などであった。」

被告人側のフィル・プロ弁護士

「わたくしの考えによれば、裁判がビデオテープに収められたという事実は、陪審員や裁判官や証人や弁護人、それに、最も重要な人物であるザビエル・ソローザノの、いずれの人々に対しても、はっきりした不利益な影響をもたらさなかったのである。(中略)カメラや音響の設備やテレビの担当者は、裁判中は、人目につくほど目だたなかった。それに、わたくしの考えによれば、関係者に対する混乱の原因にはなりえていなかったようにおもわれる。」

ロバート・E・ウォルフ検察官

「率直に申し上げるならば、わたくしは、カメラについては、断続的に気づいていた。それに、われわれは、カットしたり、また、撮影のやり直しをすることができなかった事実を実感していたことを述べなければならないであろう。さらに、そのときには、事実の整理や証拠の提出や陪審の面前において事件に勝つことなどのことに加えて、テレビの側には、克服しなければならない一つ以上の問題、あるいは、やっかいな事情があった、とわたくしはおもった。したがって、陪審裁判中におけるテレビまたは映画のためのカメラの存在は、弁護士の行動に対しては、ある程度のマイナスの効果をもたらすことになる、との結論を出さざるを得ないであろう。(中略)

娯楽の要素にはかかわりなく、現実とテレビの法律番組のイメージの対立をみながら、人々は利益を得ることになるものとおもわれる。われわれの運営形式のためには、人々に対する、そのような教育上のインプットは欠かせないものである、と考える。」

ジョン・G・カーター陪審長

「テレビのカメラは、この事件における陪審や検察官や被告人や証人などを、なんら混乱させなかったし、また、影響を与えることもなかった、というのがわたくしの個人的な見解である。[74]」

前に行われた事件との関係において、この事件の重要性を要約した中で、ゴールドマンとラーセンは、はっきり、つぎのように述べている。

「エステス事件における予想とは異なって、ソローザノ事件の関係者は、裁判の要求に合わせるようにしながら、肯定的な態度でもってカメラに反応した。『カメラは、弁護士の活動に、いくぶんかは、マイナスの効果をもたらす』かもしれないと考えていた、一人の弁護士でさえも、裁判手続に対して疑いを持つようになるかもしれない偏見に関しての、はっきりした実例を申し出てこなかった。カメラに気づいているということは、個人の行動を強めるための一つのきっかけの役目を果たすにすぎない、ということを残りのデータは示している。このようなわけで、『カメラは裁判のじゃまになる』というエステス事件における最高裁判所の前提とは異なって、ソローザノ事件の経験は、実際の経験から得られた根拠を与えるものであり、また、裁判中のテレビのニュース・カメラの存在は、たとえ有益ではないにしても、一つのよい効果ではある、という判断を思慮分別のある人にもたせるようにするのである。[75]」

(74) Goldman and Larsen, News Camera in the Courtroom During State v. Solorzano : End to the Estes Mandate ?, 10 S. W. U. L. Rev. 2001, 2062-67 (Appendix) (1978).

(75) Id. at 2040-41.

二　ザモラ事件

フロリダ州のポスト・ニューズウィーク・ステーション社による、同州の最高裁判所への申立てに関して、裁判所は、綱領の3A(7)に対する州の修正は、テレビ放送された法廷の報道についての一年間の経験にもとづくプログラムの結果しだいである、との判断を下した。裁判官の行動準則についての規程の変更を求めてのフロリダ州のポスト・ニューズウィーク・ステーション社の申立てにおいて、裁判所が準備した管理運営上のガイドラインに関して明確に述べられた一連のものは、プログラムに対する行動上の基本原則の役目を果たすことになったのである。[76] プログラムの全体にわたる成功または失敗に関する最終報告書は、一般の需要者のためには、その当時、提出されていなかった。分かっていたのは、締切り日である一九七八年七月五日に係属中の事件までと、これを含めて、ザモラ事件の口あけの事件以上に難しいものは、ただの一件も裁判所には提出されていなかった、ということであった。[77]

(76) 347 So. 2d 404, 405-06 (1977).
(77) No. 77-25123-A (Dade County Cir. Ct) (1977).

運の悪いことに、このザモラ事件の被告人は、自らの事件の弁明をするのにテレビの一般的な行き過ぎを主張したのである。しかも、また、テレビによる実験的な試みがうまくゆかなかったならば、上訴において、テレビの行き過ぎについての二番目のタイプに属する主張である、法廷内のテレビ放送が公正な裁判を受ける被告人の憲法上の権利を侵害することになる旨の申立てを行う、というユニークな態度をとることにしていた。これらの点は、若干の混乱を招く原因になりそうにおもえた。

被告人のロニー・ザモラは、年齢が一五歳であったけれども、八二歳になる隣人の死について第一級の謀殺の罪によって起訴された。被害者は女性で、ザモラと友人が彼女の家に押し入っている最中に殺されたのである。策に富むザモラ側の弁護士は、犯行をおこなっているときに、少年は、「本意にもとづかない、意識下のテレビによる陶酔状態」に陥っていた、と弁論した。州において初めてずっとテレビ放送された裁判において、H・ポール・ベーカー裁判官は、被告人のために行われた弁護人による防御を受け入れなかった。防御のユニークな性格は、つまり、警察と探偵によるザモラに対するひっきりなしの減食は、コニャックが彼を酔わせることになり、現実とテレビで放送されたフィクションとの見分けができないようにしてみせることと同じことを表していた。世界的に広く知れ渡るようにあおり立てて、エステスのような事件がもたらした公の利益よりは容易にまさることになった。全部で数百万の人々が、裁判の、ある部分、または、別の局面を、生《なま》放送で、しかも、被告人の同意を得ないで、ガイドラインの条項にしたがいながら見たのである。デュー・プロセスに関する悪用や公正な裁判を受けるザモラの権利に対する侵害などの可能性がみられたにもかかわらず、被告人への権利の侵害の点は、なにも示唆されなかった。公判の裁判官のベーカーは、裁判のテレビ放送の部分は「成功とみなければならない」と述べていた。[78]

(78)　See H. Baker, Private Report to the Supreme Court of Florida re: Conduct of Audio-Visual Trial Coverage, at 17.

どちらかと言うと、このザモラ事件は、ソローザノ事件よりは、もっと当然の事件のようにおもわれていた。自らの権利の中において、エステス事件の判決の終焉の前兆を告げるにあたっては、大いにその威力を発揮した、といえる。綱領3A(7)の背骨をへし折る事件として、ザモラ事件は、既に、熱狂な支持を受けており、多くの論者や公判の裁判官のベーカーなどの意見は一致していた。

「ザモラ事件の係属中に使われたテレビとオーディオの設備は、裁判所の考えによれば、気を散らせるような音や光を発生させなかったのである。裁判の終りに、陪審員と個人的に話を交した際に、裁判所は、（スチールとテレビの両者の）カメラの存在は、多少は、混乱をもたらしたかもしれないけれども、しかし、陪審員が、証言について考えたり、また、弁護士の弁論や裁判所の命令などに集中できるようにすることを妨げたというほどのことはなかった事実を確認するに至っている（中略）

クラーク裁判官は、陪審員を混乱させることになる、テレビ・カメラの『赤信号の警報』に触れていた。ザモラ事件の裁判の間じゅう使われたカメラに関して言うならば、そのようなたぐいの信号はみられなかったことになる。陪審員の目は、証人よりも、むしろ、カメラに向けられることになる、とクラーク裁判官は考えた。この裁判所は、裁判の間じゅう、陪審員に特別の注意を払ってきた。しかし、そのようなことは、事件には存在しなかった。エステス事件においては、陪審員は、テレビによる裁判を、部分的に見たり、あるいは、放送の解説を聞いたりなどしがちである、という心配が述べられた。この点は、前に検討したように、現在の裁判においては避けられたのである。[79]」

さらに、ベーカー裁判官は、①法廷の記録の中においては証人の証言の性質に有害な影響を与えたことの記述がみられないこと、②余分の照明があったにもかかわらず、それは公判の手続に対しては物的な混乱をひき起さなかったこと、また、③法律的にも、心理的にも、被告人に対しては注目に値するような権利の侵害をもたらさなかったことなどを認定して、エステス事件の理由づけに反ばくを加えていた点が注目される。

右のようなことから、ソローザノ事件とザモラ事件の二つの裁判からは、刑事裁判についてのテレビ放送が、エステス事件においては、連邦最高裁判所がデュー・プロセスの条項の下における公正な裁判を受ける被告人の権利を本来的に害することになるとの見解を示したけれども、そのようにはならないことが、はっきりした、といえよう。いずれにしても、極めて重要な事件をかかえる、アメリカの最高の位置にある裁判所によって、その考えを、再度、検討してみることの絶好の機会である、と見込まれるに至ったわけである。[80]

（79） Id. at 4.
（80） L. H. Abugov, 5 Dalhousie L. J. 694, 724.

第五章　規制の緩和に向けてのプロセス

第一節　フロリダ州の計画

新しい事態が、少しずつ起りはじめていた。一九七五年の一月に、フロリダ州にあるポスト・ニューズウィーク・ステーション社は、フロリダ州の綱領3A(7)を変えることを強く主張して、同州の最高裁判所に申立てを行った。ポスト・ニューズウィーク・ステーション社は、アメリカ放送会社（A・B・C）の子会社である。同社は、一連の裁判手続をテレビで放送することができるようにするために、フロリダ州の「裁判の運営に関する綱領3A(7)を改正する申立書」を提出したのである。(1)

(1)　In re Post-Newsweek Stations, Fla., Inc., 327 So. 2d 1 (Fla. 1976).

最高裁判所は、同年の四月に、規則を定める手続と似たような性質の提案を行い、一九七六年の一月には、特定のガイドラインの下において、一件の民事事件と一件の刑事事件をテレビで放送することに関する実験的な試みのプログラムを公表したのである。[2] このガイドラインは、一連の手続における秩序を維持するにあたり、裁判官を助けることを目的としていた。

> 裁判所の列挙するガイドライン（抄）[3]
>
> ①　訴訟の両当事者、陪審員、それに、証人は、裁判への関与の事実をテレビで放送されるにあたっては、同意を与えるようにしなければならない。
>
> （中略）
>
> ③　公判の裁判官は、裁判を公正に行うに際し、効果的な妨害を受けていると考えられる訴訟手続の、すべて、あるいは、その一部を、テレビで放送することについては、これを止めさせることのできる全面的な権限を有する。

（2）　Petition of the Post-Newsweek Stations, Florida, Inc., 327 So. 2d 1 (Fla. 1976).

（3）　Id.

右のガイドラインは、当事者の全員の同意を必要とするものであった。しかし、公判の裁判官は、裁判をテレビで放送するに際し、両当事者と弁護人の同意を得ることについては、かなりの困難に直面していた。

このような状況を克服するために、最高裁判所は、補充の中間命令を用いて、実験的な試みを行うことの権限を、追加された裁判官に授与したのである。[4] 当初は、第二巡回裁判区の首席裁判官である、ベン・C・ウイリス裁判官が、電子メディアが存在するところで裁判を行う権限を与えられた唯一の裁判官であった。しかし、実験的な試みを行うことについての同意を多くの当事者や弁護人から得るに際しては、かなりの困難に直面することになった。フロリダ州の最高裁判所は、その後には、第九巡回裁判区の首席裁判官である、パーカー・マクドナルド裁判官にも同様の権限を与えている。[5]

(4) 337 So. 2d 804, 805 (Fla. 1976).

(5) See Peter J. Rubenstein, Casenotes, In Re Post-Newsweek Stations and Chandler v. Florida : Television on Trial, 35 U. of Miami L. Rev., 345, 346, n. 4 (1981).

最高裁判所は、さらに、前記の中間命令を補う形で、新たに、一年間のパイロット・プログラムを設けることにした。[6] この実験的な試みは、具体的には、一九七七年七月五日に開始されて、一九七八年六月三〇日まで続いた。これは、フロリダ州の法廷における訴訟手続のすべてを電子メディアによって報道することを許すものであるが、この場合には、裁判の関係者の同意を得る必要はなかった。とは言っても、技術と操作する者の行動に関する詳細な基準を定めることは必要とされていたのである。[7]

最高裁判所が「電子メディア」という言葉を使う場合には、他のメディアをも含む意味で用いられていることを指摘しておきたい。「その関係が、異なるものを要求していなければ、『電子メディア』は、テレビジョン・フィルム、ビデオテープ・カメラ、スチール写真用カメラ、テープ録音装置、ラジオ放送用設備などをも取り入れる、包括的な用語として使用される。[8]」

（6） In re Post-Newsweek Stations, Fla., Inc., 347 So. 2d 404, 404 (Fla. 1978).
（7） Petition of the Post-Newsweek Stations, Fla., Inc., 347 So. 2d 402 (Fla. 1976).
（8） 370 So. 2d 765 n. 1.

パイロット・プログラムが終了したとき、フロリダ州の最高裁判所は、訴訟事件の覚書や調査報告書やコメントの文書や研究論文などを手に入れて、これらを検討した。さらに、州の裁判所コーディネーターの事務室を通じて、弁護人や証人や陪審員や裁判所の職員に対する独自の調査をも実施した。その一方において、フロリダ州の巡回裁判区の裁判官協議会は、裁判官に関しての別個の調査を行っていたのである。[9]

裁判所は、また、六つの州における経験を研究した。この場合における六つの州とは、アラバマ州、コロラド州、ジョージア州、ニュー・ハンプシャー州、テキサス州、それに、ワシントン州の各州をさすことになる。[10] フロリダ州と同じように電子メディアによる実験的な試みを行った他の一〇の州のルールと同じように、この六つの州は、一九七九年までに、裁判についての電子メディアによる報道に関するルールを採用したのである。

電子メディアによって裁判手続を報道することを認める州の数は、一九七九年以降は、次第に多くなっていった。たとえば、一九八〇年の一〇月現在に関していえば、一九の州が、公判と上訴の両裁判所においてこの種の報道を認め、また、三つの州は、公判裁判所の報道のみを許可し、さらに、そのほかの一二の州の裁判所の制度にあっては、問題の検討を行っていたのである。[11] 一九八〇年一一月一〇日に、メリーランド州の上訴裁判所は、公判と上訴の両裁判所の訴訟手続を放送によって一八ヵ月の間、報道することの実験的な試みを承認した。[12]

（9）　Chandler v. Florida, 101 S. Ct. 802, 805 (1981).

（10）　Id. n. 5.

（11）　Brief for the Radio Television News Directors Association et al. as Amici Curiae.

（12）　49 U. S. L. W. 2335 (Nov. 18, 1980).

前記のさまざまな資料を検討した結果、フロリダ州の最高裁判所は、「バランスの点に関して言うならば、その種の報道のための規準にしたがいながら電子メディアによる裁判手続の報道を許す場合には、失うことよりも、むしろ、得ることのほうが多かった、といえる」という結論に到達したのである。(13) また、裁判所が一般の人々の日々の生活にかなり重要な影響を与えているところから、裁判所は、人々が裁判のプロセスを信頼する点は本質的な部分に属するものである、と考えた。このようなことから、さらに、公判の模様を放送によって報道することは、一般の人々の、より広範囲にわたる、判決についての受入れと理解に大いに役立つことになる、とも感じたのである。(14)

このようなわけで、パイロット・プログラムに関する評価を反映させるために、一九七七年のガイドラインを改めることにした。かくして、フロリダ州の最高裁判所は、改正した綱領3A(7)を公表したのである。(15)

(13) In re Petition of Post-Newsweek Stations, Florida, Inc., 370 So. 2d 764, 780 (1979).
(14) Id.
(15) Id. at 781.

フロリダ州の綱領3A(7)

「① 裁判所における訴訟手続の実施をコントロールし、② 礼儀作法を守り、また、気を散らさないように心掛け、さらに、③ 係属中の事件について公正な裁判を確実に行うようにすることなどの諸点に関して、裁判長の権限に、常に、したがうようにしながら、この州の、公判と上訴の両裁判所における公開の裁判手続を、電子メディア、および、スチール写真によって報道することは、フロリダ州の最高裁判所によって公表された、実施と技術に関する規準に合う限りにおいては、許される。[16]」

実施されるガイドラインは、使われる電子設備の種類とその使用方法とを詳細に明記するのである。[17] たとえば、一台のテレビ・カメラと一人だけのカメラの技術者が許される。裁判所の記録係が使用する現行の録音システムは、オーデイオ・ピックアップの放送者によって使用せられる。一つ以上の放送のニュース組織が裁判の報道を求める場合においては、メディアは、報道をプールしなければならない。不自然な照明は許されない。備品は決められた場所に置くようにする。これは、また、裁判中は動かすことはできない。ビデオテープ用の設備は、法廷から遠く離すようにしなければならない。フィルムやビデオテープやレンズは、裁判所が開廷している間は、取り替えることはできない。弁護人間、当事者と弁護人の間、または、裁判官席などにおける協議にかかわるオーディオ・レコーディングは認められない。一定の証人に対する報道を禁止することに関しては、裁判官は、独占的で絶対的な自由裁量の権限を有する。陪審員団を撮影することはできない。報道が公正な裁判を受ける被告人の最も重要な権利に対して有害な結果をもたらすことの事実が、はっきりするときには、裁判官は、いつでも報道を禁止することのできる自由裁量の権限をもつことになる。フロリダ州の最高裁判所は、これらのルールを経験が示すとおりに改める権利を有するし、また、実際には、法廷における写真による報道のすべてを禁止する権利をもつのである。

(16) Id.

(17) Post-Newsweek Stations, 370 So. 2d 778-79, 783-84.

訴訟手続の最終段階において、フロリダ州の最高裁判所は、つぎのような見解を明らかにした。すなわち、電子メディアによる法廷の報道は、それ自体は、連邦憲法修正第一四条が定める、被告人のデュー・プロセスの権利を否定するものではない。また、同憲法修正第一条と第六条は、法廷における訴訟手続についての電子メディアによる報道を裁判所が許すようにすることを命ずるようにもしていないのである。このようなわけで、裁判所は、前述のように、フロリダ州における裁判の実施に関する定めのうちの綱領3A(7)を改正して、明確に示したガイドラインにしたがうようにしながら、電子メディアによる裁判の報道を認めることにしたのである。(18)

このほか、フロリダ州の最高裁判所は、つぎのようにも述べていた。「裁判長は、特定の関係者にかかわる電子メディアによる報道を行わせないようにすることができる。もっとも、このようにすることができるのは、その種の報道が、特定の個人に対してかなりの影響を与え、また、一般の人々に与える影響とは質的に異なるたぐいのものであって、しかも、そのような影響が、メディアによる他のタイプの報道とは質的に異なるものであることが判明する場合だけである。(19)」

（18）　In re Post-Newsweek Stations, Florida, Inc., 370 So. 2d 764 (Fla. 1979).

（19）　370 So. 2d 779.

これまでみてきたように、フロリダ州の最高裁判所は、同州のポスト・ニューズウィーク・ステーション社事件において、一九七九年に、裁判をテレビで放送することを認めるルールを採用した。それでは、州を越えた、連邦最高裁判所の態度は、どうであろうか。

一九六〇年代の中頃に言い渡された二つの事件の判決、すなわち、テキサス州のエステス事件およびシェパード対マクスウェル事件の各判決において、連邦最高裁判所は、これらの刑事裁判に関しての広範囲にわたるメディアの報道は、法のデュー・プロセスを被告人に認めないことになる、との判断を明らかにしていたのである。

ところが、その後のフロリダ州のチャンドラー事件において、同最高裁判所は、裁判をテレビで放送することに関してのフロリダ州のルールの適用を検討した末に、一転して、メディアのそのような報道が、必ずしも、本来的に、デュー・プロセスを否定するものではないことを認め、さらに、州に、メディアによる報道についてのプログラムをもつ実験的な試みの自由を許すに至ったのである。

将来において、フロリダ州のようなプログラムにチャレンジしようとする者は、はっきりした態度を示しながら問題と取り組む必要があった。その一方で、アメリカにおいては、メディアによる報道の機会とその態度を明らかにする必要性が、年ごとに、広まってきていた。そのために、テレビジョンは、ゆくゆくは、裁判の場に、とどまるようになってゆく公算が大きい、との予測がたてられるまでになってきたのである。[20]

(20) 35 U. of Miami L. Rev. 345 (1981).

第二節　シェパード対マクスウェル事件

ところで、電子メディアについての連邦最高裁判所の内在的な不信は、シェパード対マクスウェル事件[21]まで続くことになる。クラーク裁判官の話[22]によると、法廷がニュース・メディアによってぎっしりいっぱいになった、ある、かなり世間に知れ渡った殺人事件を裁判所が取り扱ったことがあった、という。カメラマンは、陪審員団を選出する間、陪審員になることが予想された人々の写真を撮った。[23]公判が始まると、証人や弁護人や陪審員などは、かれらが法廷に入ったり、また、出てゆくたびごとに写真に撮られたり、あるいは、テレビで放送されたりなどした。一方、被告人は、裁判所の各開廷期には、その始まる前に、一〇分間だけ、新聞やテレビの写真の担当者に対してポースをとらなければならなかったのである。[24]

(21) Sheppard v. Maxwell, 384 U. S. 333 (1966).

(22) クラーク裁判官は、エステス事件においては多数派に属し、多数派の見解を明らかにしている。

（23）　384 U. S. 343.
（24）　Id. at 344.

シェパード事件の公判の裁判所が、陪審員に対して、事件に関連した事柄について、読んだり、または、耳に入れたりなどしないようにするための適切な指示を与えないで、かれらが、法廷の外において自らのやり方でもって行動するのを許していた事実を、最高裁判所は強調した。そのために、陪審員は、公判に関して、新聞やラジオやテレビなどによる広範囲におよぶ報道にさらされることになったのである。

裁判所は、シェパード事件における法廷の「環境の全体」(the totality of the circumstances) のアプローチが、エステス事件において適用されることになったデュー・プロセスのテストの使用を求めるに至った、と述べた。ちなみに、被告人が権利の侵害のあり得る事実を、相当程度、論証することができるときには、デュー・プロセスは欠けることになる。[25]しかし、被告人は、権利の侵害の事実を確認できるようにする必要はないのである。[26]このテストを用いて、裁判所は、広範囲にわたって権利の侵害をもたらす公判前における世間に知らせる行為や、公判廷がメディアによってぎっしり埋ってしまう事実などは、シェパードに権利として与えた「裁判における平静さや平穏さ」を奪うことになってしまう、と推論した。[27]

もっとも、シェパード事件における裁判所は、法廷における裁判手続におよぼす電子メディアのはっきりした否定的な影響を具体的に詳細に述べることはできなかった。そのために、法廷での手続は権利の侵害が本来的にデュー・プロセスを欠くに至るであろうような結果で終ることの見込みを含んでいた、というようなあいまいな見解にもとづいて結論を下していたのである。(28)

(25) Id. at 352.
(26) Id.
(27) Id. at 355. (Estes v. Texas, 381 U. S. 536 を引用する。原文では括弧)
(28) Id. at 352. (381 U. S. 542-43 を引用する。シェパード事件の裁判所によって加えられた強調)

第三節　連邦最高裁判所の見解の転換

法廷に電子メディアを持ち込むことに対する連邦最高裁判所の厳しい態度は、一九七〇年代の中頃から次第に緩みはじめるようになる。このころから、裁判所は、エステス＝シェパードのアプローチの線に変更を加えはじめてくる。(29)「エステス＝シェパードのアプローチ」

というのは、表向きの影響は、どのようなものであったとしても、要するに、法廷におけるカメラとマイクロホンは、本来的に、公正な裁判を受ける被告人の権利を侵害することになる、というアプローチを意味する。このようにして、法廷の内部ならびに周囲におけるメディアの活動のために、より大きな行動の自由を認めはじめるようになるのである。

(29) In re Post-Newsweek Stations, 35 U. of Miami L. Rev. 349 (1981).

フロリダ州のマーフィー事件[30]における裁判をめぐる広範囲にわたる新聞やテレビによる公表は、被告人についての情報とかれの過去の犯罪歴を含んでいたのである。予備尋問手続の間、陪審員は、公表があったにもかかわらず、被告人に対しては、ある種の傾向をもった前もっての敵愾心をあらわさなかった。

リドー、エステス、シェパードの各事件の事実と、それ以前における事件の事実とを区別しながら、裁判所は、広範囲におよぶメディアの報道が裁判を害したことを被告人に明らかにさせるようにして、エステス＝シェパードのアプローチの線に限定を加えはじめたのである。[31]裁判所は、法廷の「環境の全体」について検討した。[32]その結果、裁判の環境が本来的に害された事実を被告人が明らかにできなかったところから有罪を確信するに至ったのである。[33]

(30) Murphy v. Florida, 421 U. S. 794 (1975).
(31) 注の(24)と(25)を参照されたい。
(32) 421 U. S. 799.
(33) Id. at 803.

ネブラスカ州報道協会対スチュアート事件[34]において、裁判所は、法廷における電子メディアに制限を加えたエステス＝シェパードの線からは後退してゆくことになるであろう旨の合図を与えた。バーガー首席裁判官は、公判前における広範囲におよぶ公表が、必ずしも、不公正な裁判に導いてゆくものではないことを強調していた。[35]

公判の前における公表に関するマイナスの効果を少なくするために考えられた対策を取り入れる権限と責任を公判の裁判官は有するのである。いずれにせよ、公判の裁判官は、重大な責任を負うことになる。法廷の内外において裁判官が事件について述べることは、新聞や放送によって伝えられることになるかもしれない。もっと重要な点としては、公判の前における公表の効果を和らげるためにとる、あるいは、とらない処置が、デュー・プロセスにとって必要なものと両立することになる裁判を被告人が受けられるかどうかを決定することにある、といえる。[36]

裁判官は、公判前における大規模な公表は、公正な裁判を受ける被告人の権利を侵害することになる、という。このように、公判の裁判官の結論には言及することになったのであるけれども、しかし、その一方において、裁判手続に関する事前の抑制が、報道にかかわる連邦憲法修正第一条を公然と侵害することになる事実にも気づいていたのである。[37]

(34) Nebraska Press Association v. Stuart, 427 U. S. 539 (1976).

(35) Id. at 554.

(36) Id. at 555.

(37) Id. at 570. 一般的には、ミネソタ州のニア事件 (Near v. Minnesota, 283 U.S. 697 (1931)) を参照されたい。

前述のポスト・ニューズウィーク・ステーション社事件[38]において、フロリダ州の最高裁判所は、電子メディアによる裁判の報道について、第二の重要な手段を講じた。この判決は、主として、フロリダ州における裁判に関するテレビの放送を取り扱ったものではあるが、最高裁判所は、その論拠についての基礎を一九六〇年代の半ば以降、連邦最高裁判所によって発展させられてきた理論的な説明に置いたのである。[39] けれども、ポスト・ニューズウィーク・ステーション社事件の判決は、現代の社会学的な強調を、より多く反映させていた。しかも、それに、メディアの技術の点における重要な進歩をも認めていた事実を指摘しておかなければならない。[40]

(38) In re Post-Newsweek Stations, Florida, Inc., 370 So. 2d 764 (Fla. 1979).
(39) See 381 U. S. 532, 536, 543, 544, 550 (1965) ; 373 U. S. 723 (1963) ; 384 U. S. 333, 343, 344, 352, 355 (1966) ; 421 U. S. 794, 799, 803 (1975) ; 427 U. S. 539, 554, 555, 570 (1976) ; 370 So. 2d 764 (Fla. 1979).
(40) 370 So. 2d 775-76, 780.

フロリダ州の裁判所は、ポスト・ニューズウィーク・ステーション社事件において、テレビで放送される裁判についての影響の分析を容易にするために「社会学的データ」という新式の武器を用意することにしたのである。[41] このほか、裁判所は、エステス事件の判決当時におけるテレビ・カメラと設備の未熟な状態に触れて、[42] 意見の中のクラーク裁判官の但書に注目することにした。「これらの技術の進歩が、公正な裁判に対して、現在のような危険を伴わないで、印刷機によって、あるいは、テレビジョンによって、伝えられるのであれば、われわれは、違った事件をもつことになる。[43]」

裁判所は、また、速やかに、ハーラン裁判官の先見の明をも理解したのである。「法廷内におけるテレビジョンの使用が、裁判のプロセスを軽視することになる、もっともと思われる事柄のすべてを払いのけてしまうほどに、一般の人々の日常生活の中において、テレビジョンが、極めてありふれたものとなってゆくであろう日がやってくるかもしれない。[44]」

現実には、テレビは、毎日の生活の中においては、次第に、ありふれたものになってきていた。安全対策として、銀行は、閉回路のテレビ・カメラを用いるようになってきている。また、カメラは、ホテルのロビーや書店や入り組んだ構造のアパートなどでも、ひろく使用されるに至っているのである。フロリダ州においては、政治のあらゆるレベルでカメラを知ることができる。裁判所は、テレビによるフロリダ州の議会の報道についてのプラスの効果に関するコメントを検討していた。[45]このほか、フロリダ州の最高裁判所は、電子メディアによる報道に関する州の実験的な試みから得られる利益についてのハーラン裁判官の理解にも触れていた事実を指摘しておかなければならない。[46]

(41) Id. at 767-70, 785.
(42) Id. at 772.
(43) Id. at 773 (381 U. S. at 540 を引用する)。
(44) Id. (381 U. S. at 595 を引用する)(ハーラン裁判官は賛成意見である。)
(45) Id. at 780.
(46) Id. at 773.

電子メディアの技術に関する現代の革新は、ハーラン裁判官が予言したような変化を裏付けている。現在においては、テレビで放送される裁判を見るものは、テレビのケーブルや人工の照明に気づくことはない[47]。しかも、技術は、カメラの騒音の水準を徹底して下げてきているのである[48]。

(47) See Aspen, Cameras in the Courtroom : The Florida Experiment, 67 Ill. B. J. 82, 85 (1978).
(48) 370 So. 2d 775.

テレビで放送される裁判の効果に関しての経験にもとづいたデータを欠いていることの問

題を克服するために、フロリダ州の最高裁判所は、テレビによって放送された裁判に、以前、かかわり合ったことのある人々についての調査を信用することにした。これが、一九七八年の調査である（裁判計画調査部門、州裁判所の管理者のオフィス、フロリダ州の裁判所における電子メディアとスチール写真による報道を含むサンプル調査[49]）。

調査結果によるならば、一般的に、電子メディアについてのマイナスの効果は、わずかであることが指摘されている。[50]

フロリダ州の裁判所におけるサンプル調査の結果

(1)　法廷における電子メディアの存在は、裁判制度や裁判手続の荘重さに関する回答者の認識には、ほとんど影響を与えていなかった。

(2)　電子メディアの存在が裁判を混乱に陥れることは、まったくなかったか、あるいは、ごくわずかにすぎなかったようにおもえた。

(3)　電子メディアの存在を回答者が意識することの度合は、平均すると、ほんのわずかと普通の間で収まっている。

(4)　証人の誠実さを見極める弁護人や陪審員などの回答者の能力は、まったく影響を受けていなかったことが認められる。また、陪審員が証言に気持ちを集中させる能力の点においても、同じようにして、なんらの影響を受けていなかった。

(5) 回答者の全員は、電子メディアの存在によって、若干ではあるけれども、人目を気にしていたように感じられた。

(6) 電子メディアの存在のために、陪審員と証人の両者は、自らの振舞に対しては、わずかばかり責任を感じているようにみえた。

(7) 電子メディアの存在によって、回答者の全員は、やや神経質になったか、あるいは、いつもよりは余計に気を配っていた。

(8) 陪審員は、電子メディアのために気を散らされるようなことは、まったくなかった、といってよい。一方において、証人や弁護人に関しては、わずかに気を散らされたようにおもわれた。

(9) 陪審員や証人が、メディアによって、自分自身のことを、見たり、または、聞いたりなどしたいという気持ちになることの度合は、まったくなかったか、あるいは、ごくわずかであった。

(10) 電子メディアの存在は、事件の重要性に関しては、さまざまな関係者の感じ方に対して、いろいろな程度で影響を与えていたのである。すなわち、陪審員は、事件をわずかばかり重要であると考えた。証人は、わずかから普通ぐらいまでの間において、その重要性を感じていた。これに対して、裁判所の職員は、わずかばかりの受止め方しかしていなかった。なお、弁護人は、普通程度に感じとっていたのである。

(11)　陪審員は、証人の証言中における電子メディアの法廷における存在が、まったくないからわずかの程度において、証人の証言を比較的重要なものにしていた事実を知るに至った。

(12)　名前がプリント・メディアに出ないようにすることと、（スチール写真を含めて）電子メディアによる放送によって顔を写し出されることで受ける被害についての関係者の関心の度合を比較してみると、両者の間には決定的な違いはみられなかった。それぞれの場合における関心は、まったくないからわずかばかりまでの間におよんでいただけであった。

(13)　陪審員と証人は、人々がかれらの評決や証言に対して与える影響の可能性の度合に関しては、同じような態度を、はっきりとみせていた。電子メディアとプリント・メディアについての両者の関心の最も高いところにおいては、見分けることができるような違いは存在しなかった。平均的な回答は、まったくないからわずかばかりまでの範囲内のうちの、下限のほうに、わずかばかり集まっていた。

(14)　電子メディアの存在が、わずかばかりではあるが、かかわりあうことになった弁護人の行動を、やや派手なものにしたことを、裁判所の職員と弁護人は認めた。

(15) まったくないからわずかばかりまでの範囲内における程度において、電子メディアの存在が証人の派手な態度に影響をおよぼしていた、という受け止め方を裁判所の職員と弁護人はした。

(16) かれらは、また、電子メディアの存在によって、人がその行動をわずかばかり押えられたことや、陪審員が、わずかばかり、自意識過剰になったり、神経質になったり、さらには、動揺させられたりなどしたけれども、その反面においては、以前よりも、少しばかり注意深くなったことを感じとったのである。

もっとも、裁判所は、「調査結果は科学的ではなく、それは、単に、法廷における電子メディアの存在についての回答者の態度と認識を表すものにすぎないこと」を認めていたのである。[51] いくつかの調査をみれば、結果が害されていることが分かる。たとえば、ウイスコンシン州においては、一年間の実験的な試みの間に、裁判がテレビでもって放送された。ウイスコンシン州の三〇〇名の住民に対する、アット・ランダムな調査によるならば、殺人の点に関して有罪の言渡しを受け、一方、放火の点については無罪が認められた、パトリ夫人の裁判について、回答者の五九パーセントのものは、誤って、パトリ夫人は、殺人と放火の両方の罪によって有罪になった、と記憶していた。五パーセントのものだけが、正確に評決を受け止めていたにすぎなかった。また、三九パーセントのものは、殺人の理由を思い出すことができなかったのである。さらに、回答者の二五パーセントのものは、彼女の名前すら思い浮かばない状態であった。[52]

(49)　370 So. 2d 767–70.
(50)　Id. at 768–69.（注は省略）
(51)　Id. at 768.
(52)　See Netteberg, Does Research Support the Estes Ban on Cameras in the Courtroom?, 63 Judicature 467, 474 (1980).

このようにして、裁判所は、フロリダ州における調査資料と電子メディアについての技術の進歩を引き合いに出しながら、エステス事件においてみられた本来的な権利の侵害は、もはや重大な問題ではなくなった旨を言明するに至った。ちなみに、エステス事件においては、「現時点におけるテレビジョンは、その性質上、被告人に権利の侵害をもたらすおそれのある、さまざまな領域へおよんでゆくことになる」と述べられていた。[53]

（53） 381 U. S. 544. ルイジアナ州のターナー事件（Turner v. Louisiana, 379 U. S. 466 (1965)）と同州のリドー事件（Rideau v. Louisiana, 373 U. S. 723 (1963)）を参照されたい。

ところで、サンドバーグ裁判官は、連邦憲法修正第一条と第六条が法廷における裁判手続の報道を命令している、という主張を詳細に検討した結果、受け入れないことの結論をとるに至った。[54] 裁判所は、ニクソン対ワーナー・コミュニケーション社事件[55]を引き合いに出して裁判所の見解を明らかにしたのである。「連邦憲法修正第六条は、一般の人々に対して、裁判を（あるいは、それのどのような部分であっても）生《なま》またはテープによって放送することを要求していない。公開の裁判の要件は、一般の人々や記者団が、裁判を傍聴して、そこで、見たり、または、聞いたりしたことを伝えることができる機会を設ければ、それで満たされることになる。[56]」

（54） 370 So. 2d 774.
（55） Nixon v. Warner Communications, Inc., 435 U. S. 589, 610 (1978).
（56） 370 So. 2d 774.

第四節　ポスト・ニューズウィーク・ステーション社事件

一方において、ポスト・ニューズウィーク・ステーション社事件の裁判所は、憲法問題を解決した後に、裁判手続を電子メディアによって報道することに反対する者によって提起された特有の問題を分析することにとりかかった。[57]未成年者の保護手続に関するメディアの報道において、また、受刑者や秘密の情報の提供者や性的暴力の被害者や匿名を求めている証人などを含む状況において、本来的に備わっている潜在的な問題を、裁判所は、はっきり認識した。[58]けれども、裁判所自身としては、メディアによる報道にとっては適切とはいえない特定の当事者のリストを編集することとか、あるいは、潜在的な問題のすべてを処理するために確固たるルールを公式に発表することなどのことは、もっともと言ってよいほどに嫌がったのである。[59]その代りに、裁判所は、法廷における電子メディアについてのケース・バイ・ケースの効果を評価することの責任を裁判長に託すようにした。

この種の報道が、通常、一般の人々に与える影響とは質的に異なる上に、しかも、特定の個人にかなりの影響をおよぼしたり、また、この種の報道の影響が他のタイプにおけるメディアの報道とは質的に異なったりなどした場合に限って、裁判長は、特定の関係者にかかわる電子メディアによる報道を締め出すことができることになる。[60]もっとも、このようなたぐいの言葉遣いは、裁判官の中の、ある人々にとっては、不明確で厄介なもの、と受け取られるおそれがあった。たとえば、パーム・ビーチ新聞社事件(61)において、裁判所は、証人の証言をテレビでもって放送することは、証人の個人的な安全を危険にさらすことになる、という予想されていた二人の証人についての個人的な心配を述べた申立てや供述書を公判の裁判所が受け入れたのを破棄している。

第四地区の裁判所は、「公判の裁判官は、電子またはスチール写真による報道を制限するについての自らの決定を、その必要性を認定しながら証拠だてる必要はない」という州側の主張を受け入れなかった(62)。異議の中で、レッツ裁判官は、ガイドラインにおいてフロリダ州の最高裁判所が使用しなかった「必要」という言葉の多数派の使い方に疑問を抱くに至った。かれは、多数派が要求することになると解釈した「全面的に証拠となるヒヤリング」の代りに、裁判所の「事実認定」の際に助けとなる供述書の使用を擁護したのである(63)。

(57)　Post-Newsweek Stations, Florida, Inc., 370 So. 2d 774-79 (Fla. 1979).
(58)　Id. at 779.
(59)　Id.
(60)　Id.

(61) Palm Beach Newspapers, Inc. v. State, 378 So. 2d 862 (Fla. 4th DCA 1979).
(62) Id. at 864.
(63) Id. at 865.

ところで、ポスト・ニューズウィーク・ステーション社事件における裁判所は、法廷内において認められるカメラの数や位置の決定や設備の操作の権限を与えられた人の数などについて厳しい制限を設けることにした。これらのことに関する基準を定めるにあたって、裁判所は、フロリダ州の法廷における電子メディアの使用についての新しい手引きの計画を、つぎのように立てたのである。(64)

電子メディアの使用についてのフロリダ州の手引きの計画

1　設備と人数

(1)　公判の裁判所の訴訟手続においては、一台だけのポータブルのテレビジョン・カメラ［フィルム・カメラ＝16ミリ・サウンド・フィルム（自動防音式の）、または、ビデオテープ電子カメラ］で、一人だけでカメラの操作が行われるものは許される。上訴の裁判所の訴訟手続においては、各自が、一台のカメラを操作するようにして、二台のテレビジョン・カメラだけが許される。

(2)　公判の裁判所または上訴の裁判所における訴訟手続においては、それぞれのカメラについて、二個までのレンズとプリントのための関連した設備を用いながら、一人のスチール写真家だけが許される。

(3)　公判の裁判所または上訴の裁判所における訴訟手続においては、ラジオ放送のために、一台のオーディオ・システムだけが許される。すべてのメディアのために、オーディオ・ピックアップは、裁判所の施設内における、現にあるオーディオ・システムによって行われる。技術的にみて、適切なオーディオ・システムが裁判所の施設内にない場合には、メディアにとって欠かすことのできない、マイクロホンならびに関連する配線は、目立たないようにしながら、裁判所の施設のある巡回の裁判区または地区の、首席裁判官が裁判手続に先立ってあらかじめ指定した場所に設置することとする。

(4)　右のような制限があるために、設備や人数についての必要とされるメディア間の「協定」の準備を行うにあたり、個別の手続におよぶことが認められた適切なメディアの代表者や設備などにかかわる争いごとをミディエートするに際しては、裁判長に依頼するようなことはしないで、メディアだけの責任にもとづいて行うことになる。設備や人数に関して争いがある場合には、メディアの間で、事前に合意が取り決められていないときには、裁判長は、争っているメディアの人々を、全員、裁判手続から締め出す措置をとる。

2　音と照明の基準

(1)　裁判手続を報道するについては、気を散らさないような音や照明を用いたテレビジョンについての写真用またはオーディオ用の設備だけが使用せられる。そのような写真用またはオーディオ用の設備が良好な状態にある場合には、これにつけ加えられた付録Aの中において明示された設備以上に大きな音や照明をもたらしてはならない。人工による照明の装置は、どのようなタイプのものであってもテレビジョン・カメラと関連させて使用してはならない。

(2)　裁判手続を報道するためには、気を散らさないような音や照明のスチール・カメラの設備だけが用いられる。とくに、そのようなスチール・カメラの設備は、35ミリ・ライカ「M」シリーズ距離計カメラよりも大きな音や照明を出すものであってはならない。また、人工による照明の装置は、どのようなタイプのものであってもスチール・カメラと関連させて使用してはならない。

(3)　メディアの人々は、裁判手続に先立って、利用しようとしている設備がここで示された音や照明の基準に合うものであることを裁判長に十分説明する義務を負うことになる。設備に関しては、事前に裁判所による許可が得られなかったときには、訴訟手続において使用することはできない。

3　設備と人の位置

(1)　テレビジョン・カメラの設備は、施設のある巡回の裁判区または地区における首席裁判官が明示する裁判所の中において決められた場所に置かれることになる。明示する場所は、報道にとって適切といえる場所が選ばれる。報道のために許される適切といえる場所が、裁判所の施設から、遠く離れているときには、また、離れているならば、テレビジョン・カメラやオーディオの設備は、そのような場所にのみ、すべて、置かれることになる。テレビジョン・カメラを構成しないビデオテープ用のレコーディングの設備は、裁判所の施設から遠く離れた場所に置くようにする。

(2)　スチール・カメラの写真家は、施設のある巡回の裁判区または地区における首席裁判官が明示する裁判所の中において決められた場所に自らの位置を定めることになる。明示する場所は、報道にとって適切といえる場所が選ばれる。スチール・カメラの写真家は、明示された地域内における一定の場所を占める。写真家は、写真をとる場所に自らを落ち着かせたならば、動いたりして自分に注意を引きつけるような行動をとってはならない。スチール・カメラの写真家は、裁判所における訴訟手続を写真にとるに際しては、動きまわることは許されない。

(3) 放送についてのメディアの代表者は、裁判手続が開始されている間は、裁判所の中を動きまわってはならない。また、マイクロホンやテープ用の設備は、前記の1(3)において要求されているように、ひとたびその位置が定まったならば、裁判手続が終るまで動かしてはならない。

4　訴訟手続の間における移動

ニュース・メディアの写真用またはオーディオ用の設備は、日々の手続の始まる前か終了後、あるいは、休廷中の間を除いて、裁判所の中に置いたり、また、移動させたりなどしてはならない。裁判手続の休廷中の間を除いて、裁判所の中でテレビジョン・フィルム・マガジンやスチール・カメラ・フィルム、または、レンズを取り替えてはならない。

5　法廷の照明の出所

施設のある裁判所の巡回の裁判区または地区における首席裁判官の同意を得て、施設内における照明の出所についての変更や追加を行うことができる。ただし、これらの変更や追加に関しては、公の費用を使用しないでその設置や維持を行うものとする。

6　弁護人との協議

弁護人や依頼人の特権ならびに有効な協議権を保護するために、裁判所内における弁護人とその依頼人との間、依頼人の共同の弁護人の間、弁護人と裁判官席にいる裁判長との間などで行われる協議についての、オーディオ・ピックアップ、または、放送を行うことはできない。

7　使用の認められないメディアの資料

パイロット・プログラムの間に、または、それによって明らかにされることになった、フィルム、ビデオテープ、スチール写真、オーディオの再生は、いずれも、本来の裁判手続、その後の裁判手続、それの二次的な裁判手続、そのような裁判手続などの再審理や上訴においては証拠として認められない。

(64)　370 So. 2d 783-84. 当初は、347 So. 2d 405-06 の中において公表された、一年間のパイ

ロット・プログラムの基準となるものを採用していたのである。

ポスト・ニューズウィーク・ステーション社事件の判決は、メディアの技術のひどく目立たない時代に一般の人々の情報に対する権利と被告人のデュー・プロセスとを釣り合わせるにあたり、一つの重要な段階を示すものといってよい。そのガイドラインは申し分なく、また、簡明のようにみえる。しかし、それでも、いくつかの不安を伴う問題が起り得る、と指摘されている。たとえば、具体的な権利の侵害に関して適切な「事実認定」を構成するものは何であろうか[65]、とか、また、法廷から電子メディアを排除するのを正当とするにあたり、電子メディアによる報道が個人に実質的な影響を十分に与えているかどうかを、裁判官は、どのようにして決定できるのであろうか[66]、などである。

公判において証言することを求められた一定の証人が直面することになる諸問題に対する評価についての重大な誤りがある場合と同じように、ポスト・ニューズウィーク・ステーション社事件の判決は、裁判官が直面することになる重大なジレンマの若干の実例を含んでいた[67]。一つの非常にはっきりした実例は、州が証人として呼び出した、フロリダ州の刑務所に服役していた女子の受刑者に関するものであった。彼女は証言をすれば他の受刑者から報復を受けるおそれがあると述べて、報復を受けないようにするために、裁判所に電子メディアによる報道を中止するよう求めた。しかし、公判の裁判官は、彼女の要求を受け入れなかった。しかも、彼女が証言を拒んだときに、法廷侮辱罪の成立を認めたのである。(68) なお、その受刑者は、法廷侮辱罪によって五ヵ月と二九日の監禁刑を言い渡された。

(65)　パーム・ビーチ新聞社事件（Palm Beach Newspapers, Inc. v. State, 378 So. 2d 862 (Fla. 4th DCA 1979)）を参照されたい。

(66)　370 So. 2d 779.

(67)　Id. at 778.

(68)　See Netteberg, Does Research Support the Estes Ban on Cameras in the Courtroom ?, 62 Judicature 467, 471 (1980).

法廷における電子メディアを認めることに対しては、さまざまな反対が主張されている。反対の理由として、つぎのような点をあげることができる。① テレビで放送されることになった陪審員は、友人らの願いに応じた票を投ずるようになるところから、仲間のものの猛烈なプレッシャーを感じないわけにはゆかない。(69) ② カメラによる報道は、一般の人々に裁判の目的について悪い印象を与えることになる。(70) ③ カメラが存在することによって、陪審員は、事件に関する悪評をなんとなく感ずる。[71] ④カメラは、陪審員やその他の裁判の関係者を動揺させることになる。[72] ⑤弁護士は、スタンドプレーをしがちである。[73]

コロラド州の最高裁判所のエドワード・E・プリングル首席裁判官は、以前に、つぎのように述べていたことがある。「それ（写真）は、確かに、法廷の中で腰をかけながら絵を描いている画家が作り出す、関係者についての歪められた絵よりは、ましといえる。それは、また、（中略）裁判所の庁舎を出てゆく人々の顔の前にマイクロホンをぐいと突き出して、カメラが行うことになる写真による説明をするために、いずれにせよ、返答のかえってくることのない愚かな質問をしながら、八本から九本におよぶマイクロホンを並べて、不作法でまったく品位を欠いた状況をもたらすのをやめさせる効果をももっているのである。[74]」

他方において、電子メディアによる報道に賛成するものは、カメラが存在したとしても、それは、スケッチ画家や新聞記者や法廷を一杯に埋めつくした人々の存在以上に、事件を、より悪く印象づけるものではない、と主張する。[75] さらに、事件が多くの人々の関心の的になるかどうかは当該の事件の事実関係如何によって決まるのであり、カメラマンの存在によるのではない、ともいう。[76]

以上みてきたように、多くの制約があるにもかかわらず、フロリダ州の最高裁判所は、証人や陪審員や裁判官などにおよぼす、考えることのできる心理学的な影響を評価するためには、多くのタイプの裁判から得られる十分な量のデータを集めなければならないということを、はっきりと、しかも、適切に信ずるに至ったのである。裁判をテレビによって放送することについては、裁判所は申し分のない実践的な取組み方をしてきた。その方法は、連邦最高裁判所に、明白に受け継がれることになったわけである。(77)

(69) See Cameras in the Courtroom : A Denial of Due Process ? 30 Baylor L. Rev. 853, 858 (1978).
(70) 370 So. 2d 776.
(71) Id. at 775.
(72) See Cameras in the Courtroom, supra note 69, at 859.
(73) Id.
(74) プリングル首席裁判官からディック・レナードへの一九七七年二月二五日付の書簡。
(75) Peter J. Rubenstein, In Re Post-Newsweek Station and Chandler v. Florida, 35 U. of Miami L. Rev. 345, 355, n. 62 (1981).
(76) Id.
(77) Id. at 356.

第五節　バージニア州のリッチモンド新聞社事件

バージニア州のリッチモンド新聞社事件(78)において、法廷における電子メディアに反対するエステス＝シェパードの事件の厳しい立場から、裁判所は、さらに後退してゆくことになる。事件は同じ裁判所における殺人事件の責任についての被告人に対する四回目の裁判を迎えた。三度目の誤判は、陪審員になることが予定されていたものが被告人の以前の裁判に関する新聞記事について、同じく陪審員になることが予定されていた別のものと論じ合ったことからもたらされた、とみられたのである。上訴人であるリッチモンド新聞社の二人の記者が、四回目の裁判に出席した。被告人側の弁護人は、一般の人々が裁判を傍聴することができないようにすることを申し立てた。これについては、検察側は反対しなかった。そこで、裁判は傍聴人なしの状態で続けられることになった。ところが、後日になって、裁判所は、裁判所の閉鎖命令を破棄する申立てに関するヒヤリングについての上訴人の要求を認めることにしたのである。上訴人は、被告人の権利を保護する方法がまったくなかった事実を最初に確認するようにするのでなければ、裁判所は閉鎖を命令するべきではなかった、と主張した。しかし、裁判所は、その主張を認めなかった。その後、裁判は、報道関係者と一般の人々を締め出して続けられた。翌日、裁判所は、検察側の証拠に攻撃を加える被告人の申立てを認めたり、また、陪審員を罷免したりなどした後に、被告人に無罪の判決を言い渡した。[79] 公判の裁判所は、後になって、新聞社の申立てを遡及的に取り上げることを認めるに至った。ところが、バージニア州の最高裁判所は、再検討を拒否する態度を示したのである。しかし、連邦最高裁判所は、上訴を受け入れることにした。[80]

(78) Richmond Newspapers, Inc. v. Virginia, 100 S. Ct. 2814 (1980).
(79) Id. at 2818-20.
(80) 444 U. S. 896 (1979).

ホワイトとスチーブンスの両裁判官が参加することになった意見の中において、バーガー首席裁判官は、再検討を拒否したバージニア州の最高裁判所の決定を破棄する旨の裁判所の考えを明らかにしたのである。ここにおいては、アメリカの裁判制度の下における刑事裁判に内在する公開性を承認する[81]とともに、連邦憲法修正第一条の保護が、報道の自由や自己表現の権利を越えて与えられるものであることが理解されていた。このようにして、裁判所は、「事実認定においては明確に述べられた決定的な利益を欠いているので、刑事事件の裁判は一般の人々に公開されなければならない」と判示したのである。[82] 連邦憲法修正第一条は、公開の情報に対する正規のルートにかかわる行政機関の規制を禁止している。[83] この場合に、裁判所は、とくに、連邦憲法修正第一条が定める公開と報道の二つの権利が絶対的なものではないことを指摘するのである。「自由な交通の流れという目的のために、通りの使用について、時間や場所や方法などに関して、行政機関が理に叶った制限を課すことと丁度同じように、(中略)公正な裁判を行うために、裁判を利用する権利に関して、公判の裁判官は、理に叶った制限を課することができる。[84]」

なお、ガネット社対ドゥ・パスカル事件[85]においては、被告人に対する公開の裁判についての連邦憲法修正第六条の保障は、公判前における禁止のヒヤリングを実施できるような利用の権利を、一般の人々にも、また、報道の関係者にも与えていない、と判示している。リッチモンド新聞社事件の裁判所は、右のガネット事件を変えようとするものではなかった。リッチモンド新聞社事件の場合には、閉鎖命令に対して、はっきりした正当な理由がなかったことや、公判の裁判所が閉鎖に代るものに対して、あきらかに関心がなかったことなどで、その違いを明らかにしたのである。[86]

(81)　100 S. Ct. 2825.
(82)　Id. at 2830.

(83)　Id. at 2827.
(84)　100 S. Ct. 2830 n. 18.
(85)　Gannett Co. v. De Pasquale, 443 U. S. 368 (1979).
(86)　100 S. Ct. 2829-2830. ガネット事件のリッチモンド新聞社事件への影響に関する徹底した分析については、See Note 34 U. Miami L. Rev. 936 (1980).

リッチモンド新聞社事件において、公判の裁判官は、閉鎖を支持できるような事実認定をなにも行わなかった。また、事実認定によって明らかにされることになる決定的な利益がなかったために、裁判所は、一般の人々に対して裁判を公開するようにしておかなければならない、との見解を示した(87)。

このリッチモンド新聞社事件においては、裁判所は、ポスト・ニューズウィーク・ステーション社事件におけるフロリダ州の最高裁判所の論証と非常によく似た、法廷の「環境の全体」(a totality-of-the-circumstances) のアプローチ(88)を採用したのである(89)。フロリダ州裁判所と最高裁判所の両者は、変化する、すべてのものを比較考量するとともに、特別の基準にもとづいた、自由裁量を内容とする適切な決定を行った。このほか、フロリダ州の裁判所も最高裁判所も、ともに、憲法上の厳しい制限や命令にはしたがっていなかった。いずれにせよ、どちらも、ケース・バイ・ケースによる検討の必要性を認識していたのである。

(87) 100 S. Ct. 2829-30.

(88) Id. at 2830.

(89) 370 So. 2d. 779.

裁判所は、右のように、法廷の「環境の全体」というアプローチを強調してきたわけであるが、これは、電子メディアに反対する立場であるエステス＝シェパードの事件における線を継続して浸食してきた過去の事実と結びつきながら、ついに、フロリダ州のチャンドラー事件[90]の判決において頂点に達することになるのである。

(90) Chandler v. Florida, 366 So. 2d 64 (Fla. 3d DCA 1978), cert denied, 376 So. 2d 1157 (Fla. 1979), aff'd 449 U. S. 560 ; 101 S. Ct. 802 (1981).

第六章　刑事裁判のテレビ放送を肯定したフロリダ州のチャンドラー事件における連邦最高裁判所の判決

第一節　事件の概要

連邦最高裁判所は、フロリダ州のチャンドラー事件において、ついに、刑事裁判のテレビ放送を肯定するに至った。それでは、ここで、エレクトロニクスによる報道の問題に青信号を点灯させたこの事件をみてゆくことにしよう。

この事件において、裁判所は、放送による報道は、それ自体は、公正な裁判を受ける被告人の連邦憲法上の権利を侵害することにはならない、との判断を示している。この事件以後、一七の州においては、エレクトロニクスによる報道を開始したり、また、拡張したりなどする動きに出た(1)。このチャンドラー判決を導き出すルーツは、フロリダ州にあって、同州においては、メディアの試みは、そのほとんどが公表せられてきていたのである。事件の経緯は、つぎのとおりである。

（1） Abrahams, New Efforts in 17 States to Expand Coverage of Courts, 65 Judicature 116, 118 (1981).

マイアミの警察官であった、ノエル・チャンドラーとロバート・グランカーの二人の被告人は、夜盗を行っているときに逮捕された。最も重要な証人は、アマチュアの無線通信のオペレーターであって、かれは、夜盗の際に使用された警察の無線通信による被告人らの間での会話のやりとりを傍受したのである。事件の事実関係は、当然に、メディアの注意を引くことになった。

陪審は、夜盗の共同謀議、夜盗、重窃盗、夜盗用の道具の所持のすべての訴因にもとづいて有罪の評決を行った。これに対して、被告人側は、裁判所内においてメディアの報道を認める「フロリダ州の綱領3A(7)」（前出九九頁参照）は、憲法に違反する旨の異議の申立てを行って反撃に出た。この異議の申立ては、公判の前の申立てとともにはじめられた。公判の裁判所は、ルールを違憲であるとする被告人側の言い分を認めなかった。しかし、裁判所は、フロリダ州の最高裁判所に憲法問題であることを明らかにした。けれども、上訴裁判所は、問題が被告人の刑事責任と直接関連をもたないことを理由に判断を下すことを拒否したのである。(2)

（2）State v. Granger, 352 So. 2d 175 (Fla. 1977).

予備尋問の間に、弁護士は、メディアの設備の存在と公平で公正な陪審員として仕事を行う能力に関しての考えられる影響について、予想される陪審員のそれぞれに質問を行った。選ばれた陪審員のすべては、報道はかれらの評議には影響を与えないであろう、と答えていた。[3] このほか、被告人側は、陪審員たちが引き下がることを求めた。しかし、公判の裁判官は、この要求をも認めなかった。もっとも、裁判官は、陪審員たちに「テレビのローカル・ニュースは避けて、全国向けのニュースだけを見るように」との特別の指示を与えたのである。[4] 審理の間、テレビ・カメラは、短時間だけ法廷に入り、二分五五秒間だけ裁判の模様を放送した。

（3）Chandler, 449 U. S. 560, 567.
（4）Id.

有罪の評決に続いて、被告人は新しい審理に入った。そこでの争点の一つは、メディアによる報道は被告人に対する公平で公正な裁判を否認する効果をもたらすか、というものであった。しかしながら、被告人は、この点を裏付けるのに必要な証拠を提出しなかった。それに、また、公判の裁判所は、救済の手を差し伸べない態度をとった。(5) 上訴を受けたフロリダ州の地区上訴裁判所は、下級裁判所の訴訟の処理の仕方を支持した。この裁判所も、また、綱領の3A(7)に対する憲法上の異議の申立てにしたがって行動することを拒んだ。と同時に、同州の最高裁判所に問題の所在を明らかにする方法をとった。しかし、同裁判所は、事件の見直しを行わなかった。その理由は、フロリダ州のポスト・ニューズウィーク・ステーション社の申立て事件(6)についての裁判所の訴訟のためである。このようなわけで、異議の申立てに関しては、判断の理由を示さないままの解決となった。ポスト・ニューズウィーク・ステーション社事件において、裁判所は、フロリダ州におけるエレクトロニクスによるメディアの試みは恒久的なものになるだろう、という結論をとっていたのである。

（5）　Id. at 568.
（6）　370 So. 2d 764 (Fla. 1979).

事件の移送命令にもとづいて、連邦最高裁判所は、二つの問題と取り組んだ。一つは、被告人の異議にかかわる問題である。刑事の裁判手続において、エレクトロニクスやその他の設備を使用してのメディアの報道を許す州のルールは、本質的に違憲といえるであろうか、それとも、違憲とはいえないであろうか、が問われる。他の問題は、報道が許されることになった場合に、この種の特定の事件における被告人は、デュー・プロセス、つまり、具体的には、公平で公正な裁判を認められないことになった、といえるであろうかである。

一九八一年の一月二六日に、裁判所は、そのルールを明らかにした。裁判官の全員一致による解決として、[7]裁判所は、刑事の裁判手続においてエレクトロニクスによるカメラの報道を伴う試みを州が行うことを連邦憲法は禁止するものではない、との判決を言い渡したのである。[8]被告人の異議にかかわる、刑事の裁判手続におけるテレビによる放送は、公正な裁判を受ける被告人の憲法上の権利を自動的に侵害することにはならない、とされたことになる。

(7)　スチーブンス裁判官は、この事件の判決には加わらなかった。

(8)　Chandler, 449 U. S. 560, 583.

早い時期に、バーガー首席裁判官は、裁判所の見解として、フロリダ州におけるメディアのプログラムはフロリダ州の裁判所におよぼされる州の最高裁判所の監督権の結果として生ずるものであって、連邦憲法上の命令にもとづくものではない旨を指摘していた。[9]したがって、裁判所に提示される技術的な問題は、その種のルールを公表するフロリダ州の最高裁判所の権限という狭い範囲内のそれに限られることになる。この関係は、連邦最高裁判所は州の裁判所に対して監督上の支配をもつものではないという首席裁判官の主張によって、すみやかに解決されることになったのである。それによれば、州の裁判所の見解を再検討するにあたり、最高裁判所は、「連邦憲法との関係において州の裁判所の判断を評価する」という制約を受けることになるわけである。(10)

(9)　Id. at 569-70.
(10)　Id. at 570.

ところで、有罪の言渡しを受けた警察官は、エステス事件はテレビによって放送された刑事裁判にとっては不利となる本質的なルールを公表していて、それはデュー・プロセスの否定を根拠に置いていた、と論じたのである。これは、また、問題を裁判所に持ち込むことになった。被告人が、もしも、エステス事件の判決の内容を正しく解釈していたとするならば、裁判所は、有罪判決を破棄するか、または、比較的早くに事件を却下せざるをえなくなる。とはいえ、大半の裁判官は、このような方法にはしたがわなかった。かれらは事件を区別して、エステス事件における説明を言い換えるように努めた。一致した意見の中で、スチュワートとホワイトの両裁判官は、首席裁判官の意見における論理を批判して、エステス事件を破棄すべきことを主張した。[11]

(11) Id. at 583.（スチュワート裁判官は結論に賛成する。）; id. at 586（ホワイト裁判官は結論に賛成する。）

重要なのは、チャンドラー事件において、バーガー首席裁判官が、五人の裁判官とともに、エステス事件は刑事裁判における写真や放送などによるすべての報道を禁止する憲法上のルールを公表していない、との結論に達したことである。エステス事件に限界を設けるにあたり、首席裁判官は、ハーラン裁判官のつぎのような見解に従った。「すべての合理的な見込みを払いのけてしまうほどに、テレビが、ごく普通の人々の日常生活における出来事をありふれたものにしてしまい、法廷におけるテレビの使用が裁判を進めてゆく上でその評価を下げるかもしれない日がやってくることが予想される。その日が、くるならば、また、くるときには、現在求められている憲法上の判断は、もちろん、デュー・プロセスの条項についての伝統的な働きにしたがいながら再検討されることになろう。[12]」

かくして、首席裁判官は、チャンドラー事件において、つぎのような結論をとるに至った。

「エステス事件における憲法上の理解についての分析が関係するハーラン裁判官の見解は、理解の範囲を限定するものとして解釈されなければならない。エステス事件は、すべての事件の場合に、また、あらゆる状況の下において、スチール写真やラジオまたはテレビの放送を禁止する憲法上のルールを公表するものであると解釈してはならない、とわれわれは結論づけている。マス・コミュニケーションの態様についていえば、一九六四年は、それのやや揺籃期に相当するわけであるが、変化は、今日でも続いている状態にある、といってよい。発展性を有する技術をもつ州の実験に関する一つの絶対的な禁止として受け止めてはならない。[13]」

（12）　381 U. S. 532, 595.

（13）　Chandler, 449 U. S. 560, 573-74.（注は省略）

憲法上の異議の申立てに決着をつけた後に、裁判所は、その種のルールを公表しなければならないかどうかの問題と取り組んだ。①もともと多くの刑事裁判を取り巻くことになる裁判の公表にかかわる問題、②公正な裁判を受ける被告人の権利を侵害から守るために、とくに警戒の目を光らせる公判裁判所の必要、③ メディアの技術の進歩、④ 連邦政府の妨害を受けないで、州が、その活動の中において実験を行うことを許す関係などのことを、裁判所は、再検討することにした。その結論は、はっきりしていた。

バーガー首席裁判官は、つぎのように書き記している。「ただ危険があるからということだけで、公判についての放送による報道を憲法上絶対に禁止することは、まったく正当とすることができない。確かに、ある種の事件においては、公判の前の出来事の有害な放送による話は、無関係な事柄に影響されることなく有罪または無罪の問題を解決する陪審員の能力を損なうかもしれない危険性を有する。(中略) そのような権利の侵害に対する危険性は、放送によるすべての報道についての憲法上の絶対的な禁止を正当化するものではないのである。[14]」

(14) Id. at 575.

このほかには、エレクトロニクスによるメディアの報道があれば、被告人は、デュー・プロセス、具体的には、公平で公正な審理を否認されたことを主張するであろうか、の問題が残る。この点については、下級裁判所は、被告人は、エレクトロニクスによるメディアの報道がもたらす権利の侵害、とくに、憲法上の規模におけるそれを明らかにしてこなかった、と一貫して述べている。とはいえ、裁判所は、この部分が、このたぐいの争いを支える事実関係を提供する適切な事柄であることを認めていた。とくに、バーガー首席裁判官は、この種の権利の侵害に対する適切な予防の方法は、活字にせよ、また、放送によるにせよ、事件についてのメディアの報道が、公正に事件を裁くために審理に加わっている特定の陪審員の能力を危険にさらすことになった点を証明する被告人の権利であることを示唆するのである。(15)また、首席裁判官は、エステス事件におけるハーラン裁判官の見解を引合いに出しながら、メディアの報道によって不利な影響を受けることなく、われわれは公正な裁判についての権利を有する、との理解の仕方に賛意を表した。もっとも、一般に非常に良く知れわたった事件の場合においては、エレクトロニクスによるメディアの報道を許すならば、連邦憲法修正第一条の関係があったとしても、デュー・プロセスに関する被告人の権利を侵害する場合があるであろうことが指摘されているのである。(16)ハーラン裁判官は、ビリー・ソル・エステスの裁判をそのような事件にあたるものと考えた。

右のような分析からすると、被告人の権利と報道機関の権利とが衝突する場合には、裁判所は、メディアや一般の人々の連邦憲法修正第一条の権利よりも、被告人の連邦憲法修正第六条の権利を高めるようにすることになろう、ということが結論づけられる。

法廷においてメディアが写真やエレクトロニクスやその他の設備を使用するにあたり、チャンドラー事件の場合には憲法上の権利を与えないのである。刑事事件の被告人が異議を唱えたとしても、行動それ自体は憲法違反にはならない、と簡単に述べている。また、州は、連邦裁判所の干渉を受けないで、自由にその種の活動を推し進めることができる、ともいう。このようなわけで、各州は、前進してゆくための態勢をとることになる。

(15)　Id.（強調が加えられる。）

(16)　381 U.S. 532, 587.（ハーラン裁判官は賛成意見である。）

第二節　法廷の環境の全体のアプローチとチャンドラー事件

つぎに、チャンドラー事件[17]に「法廷の環境の全体のアプローチ」（a totality-of-the-circumstances approach）を適用してみることにしよう。

この事件においては、選ばれた陪審員の全員は、予備尋問の手続の折に、テレビ・カメラが法廷内に置かれていたとしても公正であることを保ち続けることができる旨を主張していた。公判の裁判官は、テレビによる放送を理由とする陪審員を隔離することについての被告人側の申立てを認めなかった。しかし、陪審員に対しては、事件に関するどのようなことも、見たり、あるいは、読んだりなどしてはならないことを命じた。また、公判の裁判官は、テレビについては、ローカル・ニュースを避けて全国向けのニュースだけを見るように陪審員にすすめたのである。[18] とはいえ、同裁判官は、公判の際に提出された証言に関する話を陪審員がしないようにするための強制力のあるルールを持ち出すようなことはしなかった。[19]

(17) Chandler v. Florida, 366 So. 2d 64 (Fla. 3d DCA 1978), cert. denied, 376 So. 2d 1157 (Fla. 1979), aff'd 449 U.S. 560 ; 101 S. Ct. 802 (1981).
(18) 101 S. Ct. 802, 806.
(19) Id.

州側が事件の最も重要な証人の証言を持ち出した、ある日の午後にテレビ・カメラが据えつけられた。しかし、カメラは被告人のために事件のなんらかの部分を記録するようなことはしなかったのである。メディアによる裁判の放送は、全部で二分五五秒の間だけ行われたにすぎなかった。[20] そのために、陪審は、訴因のすべてについて被告人の有罪を認めた。[21] 被告人は、新たな裁判を申し立てた。そこにおいて、電子メディアによる報道が公正な裁判を受ける被告人の権利を本来的に認めないことになる旨を主張した。フロリダ州の地区の上訴裁判所の第三部は、改めて有罪を確認するに至った。また、フロリダ州の最高裁判所は、ポスト・ニューズウィーク・ステーション社事件の判決が、フロリダ州の綱領の3A(7)に対する異議の申立てについて未解決のままにしてきたと説明しながら、再検討を行うことを拒否したのである。[22]

(20) 101 S. Ct. 802, 806.
(21) Id.
(22) Id.

ところが、連邦最高裁判所は、チャンドラー事件において再検討を行うことにしたのである。検討の結果、メディアの技術の進歩ならびにメディアによる報道の裁判の関係者におよぼす影響を評価することに関しての経験にもとづいたデータを明らかにすることなどを考慮に入れながら、エステス＝シェパードの原理の論理的な説明を再考することの必要性を認めた。そこで、裁判所は、まず、州の裁判所の手続上の実験的な試みを監督する権限のないことを認識しながら、評価の枠組みを定めたのである。このようなわけで、州の行動が、連邦憲法によって保障された被告人の基本的な権利を侵害しなかった事実を確実なものにして、その再検討に制限を加えた。したがって、主要な問題は、フロリダ州の最高裁判所が、同州の裁判所における事件の審理のために、フロリダ州の綱領3A(7)を公布する権限を有するかどうか、ということであった。結局、裁判所は、同綱領によってその権限を与えられたプログラムにもとづいて実験的な試みを行うことを憲法はフロリダ州に対しては禁止していない、との結論をとった。もっとも、被告人は、メディアによる報道が公正な裁判を受ける自身の権利を危うくした事実を明らかにする権利を与えられていたのである。

フロリダ州の実験的な試みは、そのこと自体は憲法違反とは言えなかった。また、被告人の警察官も権利の侵害をはっきり示さなかったので、裁判所は被告人の有罪を認めることにしたわけである。[23] いずれにせよ、チャンドラー事件の判決は、電子メディアの法廷における影響についての、より一層の研究の必要を認識させるに至った。さらに、このような認識を通して電子メディアの受入れが容易になる点が明らかになったのである。

（23）　101 S. Ct. 802, 813.

バーガー首席裁判官の意見の中において、裁判所は、テキサス州のエステス事件が法廷における電子メディアの存在が本来的にデュー・プロセスを否定することになるとは述べていなかった事実を指摘していた。[24] このような理解の仕方を、裁判所はハーラン裁判官の意見にもとづいて行ったのであるが、同裁判官の協力は、エステス事件における有罪をひっくりかえすにあたっては決定的な票といえたのである。裁判所は、ハーラン裁判官の論拠に焦点を合わせることにした。その論拠は、裁判手続を常に取り囲まなければならない公正で公平な雰囲気の中にメディアの存在が押し入ることによってもたらされる有害な可能性を、たとえ、もっていたにしても、[25] メディアの存在は、必ずしも、権利を侵害することになるとは限らない、というものである。

もっとも、テレビを法廷において許す旨の憲法上の要請はない。また、少なくとも、この裁判のように、だれにでも知られている刑事事件の裁判においては、法廷におけるテレビを許さないという意見は、この事件において行われた連邦憲法修正第一四条のデュー・プロセスの条項によって保障された公正な裁判についての基本的な権利を侵害するものであるという理解を必要とする以上に、それを支持するにあたっては、提出された対抗する要素にまさっていたのである。[26]

(24) 101 S. Ct. 802, 809.
(25) Id. at 808 (Estes v. Texas, 381 U.S. 532, 587 より引用する。ハーラン裁判官は賛成意

見である。）

（26）Id. at 808 (381 U. S. 532, 591 より引用する。チャンドラー事件の裁判所によって強調が加えられる。）

エステス事件におけるハーラン裁判官の賛成意見に焦点を合わせるようにして、裁判所は、リッチモンド新聞社事件[27]において知り得た法廷の「環境の全体」という取組み方を用いることにした。この取組み方をよりどころとした結果、裁判所は、チャンドラー事件においては、「古代ローマ時代の円形野外競技場」の雰囲気も、また、エステス事件の法廷においてみられた「ヤンキー・スタジアム」の雰囲気も、ともに経験することはできなかったのである。[28]このほか、裁判所は、チャンドラー事件の被告人が、憲法の規模における権利の侵害の事実の存在を明らかにしてこなかったことをも知るに至った。[29]このほか、さらに、裁判所は、「被告人は、メディアの報道が、公正な裁判を受けるかれの権利を危険にさらした事実を明らかにする権利を有するが、しかし、特定の事件においての権利の侵害を論証するにあたっては、裁判が放送の関係者の注意を引きつけるたぐいのものであることを陪審員が知っていること以上のものを示すようにしなければならない」ことに言及している。[30]

このようなわけで、裁判所は、一部の事件については、法廷におけるメディアの存在が、十分にデュー・プロセスを否定することができるだけの権利の侵害をもたらす事実を知るに至ったのである。

(27) Richmond Newspapers, Inc. v. Virginia, 100 S. Ct. 2814, 2827, 2829-30 (1980).

(28) 101 S. Ct. 802, 813.

(29) Id.

(30) Id.（フロリダ州のマーフィー事件 (Murphy v. Floria, 421 U.S. 794, 800 (1975)) を引合いに出す。）

しかし、別の賛成意見において、スチュワートとホワイトの両裁判官は、連邦憲法修正第一四条は被告人の反対を押し切って刑事裁判をテレビによって放送することを禁止する旨の本質的なルールをエステス事件は公表した、と解釈した。(31) また、スチュワート裁判官は、エステス事件の裁判所に賛成するクラーク裁判官の見解ならびにハーラン裁判官の賛成意見の両者を、刑事裁判が行われている際の単なるカメラの存在や似たようなメディアのレコーディング装置は公正な裁判を受ける被告人の権利に対して本来的な権利侵害の効果をもたらすようになることを認めるもの、と読み取ったのである。(32)

かくして、スチュワートとホワイトの両裁判官は、チャンドラー事件の被告人にとって不利となる判断を受け入れるにあたっては、裁判所はエステス事件をくつがえさなければならない、と主張した。

(31)　101 S. Ct. 802, 814-17.（スチュワートとホワイトの両裁判官は賛成意見である。）

(32)　Id. at 814-15.

しかし、エステス事件をくつがえすにしても、あるいは、くつがえさせないようにしても、いずれにせよ、切り離すことのできる、また、実際の、権利の侵害の事実を明らかにしなかったし、さらには、明らかにする必要もなかった、というエステス事件におけるクラーク裁判官の見方にもかかわらず、裁判所は、その判決を適切な配慮を行いながら続けてゆくようにすることの注意を促したのである。刑事裁判を継続して実験的にテレビによって放送することを州に認めるにもかかわらず、裁判所は、なおも注意を怠らなかった。その結果、裁判所は、法廷における電子メディアの存在がもたらす同一のものであることがわかる権利の侵害の可能性であるとか、陪審員や裁判官や証人などにおよぼす潜在的な影響に関する、より多くの詳細な科学的調査の必要性などに気づいたのであった。

問題の、ある面における包括的な経験にもとづいたデータを利用できないでいることがわかっていたときに、裁判所は、つぎのように述べていた。「利用できるデータが、現在、すべての事例やすべての状況において、電子による報道が裁判の関係者に対して重大で有害な影響をもたらしている、という主張を証拠だてていないことは注目に値する。つまり、これは、少なくとも、より伝統的な報道の形式に反するようなユニークな電子による報道とはかかわり合いをもっていないことになる。それ以上の究明は状況を変えてしまうかもしれない。とはいっても、目下のところ、電子メディアの存在が、事実上裁判手続を妨害する、という命題に対しての非の打ち所のない経験にもとづいた援護はないのである。[33]」

（33）　101 S. Ct. 802, 810 n. 11.

ポスト・ニューズウィーク・ステーション社事件とチャンドラー事件の二つの判決は、アメリカにおける現代の動向を示すものといってよい。電子メディアによる法廷の報道に関する州の実験的な試みの機会は、権利の侵害を実際に証明することができる見込みについて用心深い観察の目をもつことによって、ますます広がってゆくことになろう、とみられている。その意味において、テレビは将来に向かって裁判の場にとどまる余地を認められることになるといえる。[34]

(34) Casenotes, 35 U. of Miami L. Rev. 360 (1981).

第七章　チャンドラー事件後の総合的な取組

第一節　概　説

フロリダ州のチャンドラー事件の結果として、法廷におけるカメラの存在にとって必要なものを与えるための総合的な取組の方法が考えられることになったのである。法廷におけるカメラに関する連邦最高裁判所の事件であるチャンドラー事件は、法廷での争いを報道することについて、州に、ある程度の助けを与えることになる。

その一方において、裁判所は、刑事裁判を放送によって報道することは本来的に害をもたらすことにはならないと考えるわけであって[1]、この点に関して、電子メディアの存在の方法を明らかにするに至っている。チャンドラー事件において裁判所が述べていたように、デュー・プロセスに対する現実の侵害の事実は、常に、被告人側から訴えられることになる。チャンドラー事件の被告人は、実際には、テレビによる報道が裁判の結果を害することになった点を証明しなかった。しかし、カメラの存在そのものがデュー・プロセスを侵害することになることについては主張していた。他方において、各州は、この種の報道を行うための州独自のシステムを考案してゆくことになるのである。[2]

（1）Chandler v. Florida, 449 U. S. 560 ; 101 S, Ct. 802.

（2）Id. at 813-14.

ガイドラインを模索していた州は、法廷におけるカメラに関しての包括的な見方には欠けていた。解説および州の実験的な試みは、お互いに関係のない見通しを述べていたにすぎなかった。弁護士[3]や裁判官[4]から記者[5]やアメリカ法律家協会[6]に至るまでのさまざまな解説者は、どのようにしてというよりは、むしろ、法廷においてカメラが許されるべきかどうか、の問題に限っていたのである。たとえば、H・R・ファツァーは、「法廷におけるカメラに賛成する者は、さらに、カメラがひき起すであろう、さまざまな問題についての示唆や解決を提出しなければならない」と述べていた。[7]なお、カメラを伴う州の実験的な試みに関する評価の分析は、同時には、一つの州に限られた。[8]

（3）たとえば、See Tate, Cameras in the Courtroom : Here to Say, 10 U. Tol. L. R. 925 (1975); Hirschhorn and Stern, Does Television Make a Fair Trial Impossible?–A Debate,

64 Judicature 145 (1980).

(4) たとえば、See Goodwin, A Report on the Latest Rounds in the Battle over Cameras in the Courts, 63 Judicature 74 (1979); Cooke, Television Experiment of the New York Court of Appeals, 35 Record of N. Y. City Bar Ass'n 5 (Jan. 1980); Florida Judge Evaluates Camera Coverage of Trial, Editor and Publisher, Jan. 7, 1978, at 22.

(5) たとえば、See Graham and Fretz, Cameras in the Cortroom: A Dialogue, 64 A. B. A. J. 545 (1978); Gerbner, Trial by Television: Are We At the Point of No Return? 63 Judicature 416 (1980); Hirschhorn and Stern, supra note 3. 解説者は、自らの言い分も述べていた。See Accompanying text, infra.

(6) See Accompanying text, infra, for discussion and history of Canon 3A(7) of the American Bar Association Code of Judicial Conduct.

(7) H. R. Fatzer, Cameras in the Courtroom: The Kansas Opposition, 18 Washburn L. J. 230, 242 (1979).

(8) たとえば、Norman Davis, Television in Our Courts: The Proven Advantages, the Unproven Dangers, 64 Judicature 85 (1980); Kelso and Pawluc, Focus on Cameras in the Courtroon: The Florida Experience, the California Experiment, and the Pending Decision in Chandler v. Florida, 12 Pacific L. J. I (1980). しかし、See Netteburg, Does

Research Support the Estes Ban on Cameras in the Courtroom?, 63 Judicature 467 (1980).

第二節　繰り返されるテーマ

法廷の模様を放送することの問題は、必ず繰り返されるテーマになっていたのである。ある論者は、放送の危険性を指摘していた。これに対して、別の論者は、それの利点を強調してきている。けれども、同じ種類の関心は、問題が、交通裁判所または殺人の審理などのラジオ放送なのか、それとも、刑事裁判手続についてのテレビ中継[9]なのか、にあるようにおもわれる。

シカゴの市裁判所のジョン・ガットネクト裁判官は、一九三四年に、シカゴにおける交通違反に関するカードの九〇パーセントが「確定した」事実に気づいたのであるけれども、かれは自らが「確定者」の一部に対して刑務所での服役を言い渡した事件の裁判に関するラジオによる放送を許すようにしたのである[10]。また、一九三二年には、カリフォルニア州において、ロサンゼルスで起きた殺人事件の裁判に関する生《なま》のラジオ放送が行われた[11]。

（9） Chandler v. Florida, 449 U. S. 560 ; 101 S. Ct. 802.

（10） Dawson, Broadcast Trials?–Yes!, 1 Lawyer (Mar. 1938), at 8-10 ; Bernays, Broadcast Trials?-No!, 1 Lawyer (Mar. 1938), at 10–12.

(11) Comment, Television and Newsreel Coverage of a Trial, 43 Iowa L, Rev. 616 (1958).

一 電子メディアによる報道の不利な点

1 物的な問題

ところで、エステス事件を通じて、裁判所は、テレビやラジオの記者はプリント・メディアと一致する同じようなアクセスの権利を与えられている、と強く主張していた。ただ、エステス事件におけるカメラとマイクロホンだけが締め出されたわけである。[12] また、法廷におけるカメラを奨励するようにしていた、このときまでの解説[13]は、電子メディアの記者のカメラやマイクロホンを新聞記者や芸術家の「はぎ取り式」の帳面や鉛筆にたとえていた。なお、カメラが法廷を物的に混乱に陥れている場合には、それでもカメラを認めてもよいとするような解説は、どこにもなかった。[14]

マック事件[15]について意見を異にするマスマンノ裁判官は、つぎのように述べていた。「出版の自由とは、ニュースを集めたり、それを書き表したり、公刊したりまたは配布したりなどする自由を意味する。これらの不可欠の仕事のうち、いずれかが停止してしまうときには、出版の自由は水のない川のようになってしまう。ニュースを集めるということは、ニュースを写真に撮ったり、その写真を印刷したり、また、出来上がった新聞に写真を複写したりなどすることを含む。写真を撮ることを禁止するのは、ニュース記者の存在を認めないことと同じように、報道の自由の侵害にほかならないわけである。（中略）毎日の、人間と出来事に関する写真を新聞の読者に与えないことは、新聞の半分をもぎ取ってしまうことになる、といえる。[16]」

(12) Estes v. Texas, 381 U. S. 532, 540.

(13) たとえば、See Baker, Lights, Cameras, Action : This Court Is Now In Session, 14 Gonzaga L. Rev. 623, 638-39 (1979); Baldwin, Work under Sensible Restrictions, 37 Fla. B.J. 32 (1963); Daly, Radio and Television News and Canon 35, 6 Neb, St. B.J. 121 (1957); Warden, Canon 35 : Is There Room for Objectivity?, 4 Washburn L. J. 211, 218 (1965).

(14) See Baker, supra note 13, at 639 ; Comment, The New Star Chamber-TV in the Courtroom, 32 S. Cal. L. Rev. 281 (1959).

(15) In reMack, 386 Pa. 251, 273, 126 A. 2d 679, 689-90 (1956).

(16) Id.

解説の中に登場してくる「商売道具」（tools of the trade）の理論は、エステス事件においてはうまくゆかなかった。けれども、裁判所は、ひどく目立つことのない電子メディアの設備については、将来においてアクセスの機会が与えられるかもしれないことの可能性を受け入れるまでになった。「絶え間なく進歩する、公開の伝達に関する技術とその存在に対する一般の人々の適応は、裁判の公正さをテレビによって放送することの効果の中に一つの変化をもたらすかもしれない」と書き表していた。(17)

確かに、現代の技術は、今日においては、強い感銘を与えるような多くの電子メディア関係の道具を生み出してきている。たとえば、人の指ほどの大きさのワイヤレス・マイクとか、「ミニキャムス」（minicams）と呼ばれる、光に対して敏感な反応を起すビデオテープ・カメラとか、あるいは、明るい光を必要としない、ほとんど音のしないカメラなどである。(18) エステス事件において多数派の見解を書いたクラーク裁判官は、ビデオの革新に関する目ざましいペースの十年後について、公然と解説を加えていた。(19) また、ほぼ、この時期に、全国放送網の記者は、「エステス事件以後の数年の間に、カメラは、当時の裁判所において、（原文のまま）疑いもなく、気を散らせることがないようにまでなってきており、言ってみれば、速記の記者が使用する外来の機械といえるぐらいにテレビジョンの設備が改良されることになった」点に注意を払っていた。(20) さらに、州裁判所のナショナル・センターにおけるその後の調査によれば、テレビによる裁判の報道が法廷における訴訟手続を物的に混乱に陥れていない旨が確証されるに至っているのである[21]。

(17) Estes v. Texas, 381 U. S. 532, 551-52.
(18) Broholm, Electronic Media in the Coutroom, 35 Mo. B. J. 291, 294 (1979).
(19) Justice Clark Cites Astonishing Pace of Video Innovation, 7 The Third Branch 5 (1975).
(20) Graham, Cameras in the Courtroom : A Dialogue, 64 A. B. A. J. 545, 546 (1978).
(21) See Stern, supra note 3.

電子メディアの設備は、法廷という舞台においては、次第に扱いやすくなってきていた。けれども、テレビの時間の単位を裁判の展開に合わせる、という問題が残されることになったのである。とは言っても、展開それ自体は、今日では問題ではなくなってきている。なぜならば、大部分の報道が、生《なま》で放送されるよりは、むしろ、夕方のニュースのためにビデオテープにとられるであろうからである。理想の点から言えば、カメラが中断されないで法廷における訴訟手続を収めることができればいうことはない、といえる。しかし、テレビによる放送に対しては広告料が支払われる。そのために、時間の単位は、テレビによって放送されるものと宣伝によって売り込む商品の双方に分配されなければならないことになってくる。テレビのもつこのコマーシャルの特別の性質が、この種の問題に対して火をつけることになるわけである。解説者は、法廷におけるカメラのために最も忙しく働く人々がコマーシャルの関係者、つまり、放送会社である旨を素早く指摘していた。(22) オブザーバーの一人は、少なくとも、そのような関係を不適切である、と指摘している。ニューヨーク・タイムズやウォール・ストリート・ジャーナルにおいては「配達する読者の数と気質とに応じて広告料を決めている。(中略) しかしながら、ニュースの報道は、当然にそのような考えにもとづいて行われることにはならない」とオブザーバーは書き記していた。(23)

(22)　たとえば、See Wilkin, Judicial Canon 35 Should Not Be Changed, 48 A. B. A. J. 540 (1962).

(23)　See Davis, supra note 8, at 86.

テレビのスケジュールに合せることによってもたらされる裁判の遅れ(24)と、コマーシャルと一致させるための調整の作業(25)が、また、不安をもたらすことになる。記者の一人は、「テレビの放送会社とラジオの放送会社がゴールデン・アワーと考える時間帯に重要な証人を呼ぶことは、騒ぎをひき起すことになろう」とみていた。[26]このほか、別の記者は、裁判をスピード・アップさせようとするメディアを描いた一つのユーモラスな話を取り上げていた。[27]その話というのは、法廷内に一個の望遠レンズを認めることになる。これには、一本のマイクロホンと一台のカメラがセットされる。このほか、コスチュームやメーキャップ、それに、裁判の関係者（そのうちの二人は、プロの役者が代りを務める）なども用意されることになるのである。一方、公判の裁判官は、とうてい許すことができない要求をテレビの放送局がするまでは、終始、協力的な態度をとり続ける。なお、この場合、「とうてい許すことができない要求」というのは、裁判官が裁判のスピードを早めることを意味する。「かれらは、とても実行することができないことを求めるのである」と記者は書いていた。そのために、すべての種類のカメラが、直ちに禁止されることになるのである。

ところで、このようなタイミングを伴う問題は、特別の裁判のために事前に対策を立てておく必要があるという趣旨から、メディアが報道についての細目を提出することによって解決することができる、と考えられる。そのためには、そのようなことを行うに際しては、特定の放送のタイミングがひき起す難しい状況について、意思決定を行うパネルが、現代の技術の進歩の事実を評価するようにすることを許す態度が必要となってくる。解説者の一人のロバート・レーウェンは、ブルーノ・ハウプトマン事件の裁判を背景に置きながら法廷内のカメラの問題について再考していた。アメリカ法律家協会は、この裁判に反応して綱領の35を可決したわけである。レーウェンは、ハウプトマン事件の裁判以後、設備と同じように、報道自体も、また、十分な進歩をとげてきていることや、今日においては、裁判所は、混乱をひき起すメディアの関係者をコントロールする方法をもつに至っていることなどを主張していた。(28)

(24) Television and Newsreel Coverage of a Trial, supra note 11, at 622.
(25) Raichle, Broadcasters in the Courtroom : Two Views, 21 Fed. Comm. B. J. 42 (1967).
(26) Id. at 46.
(27) Sage, Camera in the Courtroom : A Modern Fable, 54 A. B. A. J. 54 (1968).
(28) Robert Loewen, Cameras in the Courtroom : A Reconsideration, 17 Washburn L. J. 504 (1978).

2　デュー・プロセスの否定

チャンドラー事件(29)以前においては、最高裁判所は、裁判をテレビによって放送することは、本来的にデュー・プロセスを欠くことになると、はっきり述べていたのである。また、ルイジアナ州のリドー事件[30]においては、テレビの放送局は、刑務所内における被告人の二〇分間におよぶ自白を放送していた。裁判地の変更を拒否されたとき、被告人は、自らの要求が客観的にみた場合に重要性をもつことになる機会をフィルムが妨げてしまい、そのためにデュー・プロセスを欠くことになってしまった旨を主張した。なお、デュー・プロセスの否定の事実を証明するにあたり、リドー事件の場合においては、被告人に対する損害をはっきり示すことは要求されていなかった[31]。

エステス事件[32]において多数派を代表して判決文の作成を引き受けたクラーク裁判官は、裁判をテレビによって放送することが「本来的にデュー・プロセスを欠くことになる」事実を知るに至ったとき、このリドー事件を引合いに出した[33]。解説者[34]は、裁判所のリストに記載された関係の範囲内において事柄を理解することになった。そのうちの一つがウォーレン首席裁判官の言葉である。「それ（テレビジョン）は、若干の被告人を選び出して、他の人々が経験したことがないような有害な状況の下において裁判を受けさせるようにするものである」ということを内容としていた[35]。このような見解は、カリフォルニア州において殺人事件の犯人として起訴されたローレンス・ビッタカーの弁護人を務めたアルバート・ガーバーによって、その後、繰り返されている。なお、この殺人者についての裁判は、チャンドラー事件以後、テレビによって放送された最初の重罪事件に関するものであった。ガーバーは、訴追を取り巻く環境が依頼者にとっては動揺させられるものであったことや、ビッタカーの願いに反して、かれをテレビ・カメラの前にさらすことは公正な裁判を受けるかれの権利を危険に陥れることなどの点を主張した。

アルバート・ガーバーは、一九八一年二月五日の法廷の開廷後にインタビューを受けた。このとき、被告人のローレンス・ビッタカーは、テレビによって放送された。右のインタビューは、カリフォルニア州のロサンゼルスにおいて、一九八一年二月五日の午後一〇時のチャンネル9（KHJ＝TV）のニュースの時間に放送されている。その後、ビッタカーは、証人席で大声で叫んだのであるが、この間の出来事はテレビのカメラによって撮られていたのである。

(29) Chandler v. Florida, 101 S. Ct. 802.
(30) Rideau v. Louisiana, 373 U. S. 723 (1963).
(31) Id. at 729（クラーク裁判官は反対意見である。）
(32) Estes v. Texas, 381 U. S. 532.
(33) Id. at 542-43.

(34) たとえば、See Netteburg, supra note 8, at 473-75; Televising Court Trials in Canada: We Stand on Guard for a Legal Apocalypse, 5 Dalhousie L. J. 694, 706-719 (1979); Wasby, Laying Estes to Rest: A Case Note, 5 Just. Sys. J. 58-69 (1979); Block, Cameras and Courtrooms: The Denial of Due Process, 52 Fla. B. J. 454-55 (1978); Boyd, Cameras in Court: Estes v. Texas and Florida's One-Year Pilot Program, 32 U. Miami L. Rev. 815 (1978); Fatzer, supra note 7; Kulwin, Televised Trials: Constitutional Constraints, Practical Implications and State Experimentation, 9 Loy. Chi. L. J. 910 (1978).

(35) Estes v. Texas, 381 U. S. 532, 565.

しかしながら、報道に対して責任を負うことになる事件であるチャンドラー事件は、テレビによって放送されることになった裁判の場合においては本来的にデュー・プロセスを欠くことになる、との以前の最高裁判所の認定を改めることになったのである。今日においては、被告人は、テレビのカメラの存在が自らの事件の結果を害することになる事実を立証しなければならない。(36) 裁判所は、エステス事件をくつがえすようなことまではしなかった。けれども、「そのような侵害に対する適切な防衛策が、プリントされたものであるにせよ、あるいは、放送されることになったものであるにせよ、事件に関するメディアの報道が、公正に事件を裁くようにすることを聞かされた特定の陪審員の能力を危険にさらしたことを証明する被告人の権利である」ことを認めるに至ったのである。(37)

一方において、バーガー首席裁判官は、エステス事件の判決は、「発展してゆく技術をもつ州の実験的な試みについての絶対的な禁止として持ちこたえられるものではない。マス・コミュニケーションの流儀でいうならば、一九六四年においては、それの相対的な揺籃期にあったわけで、変化は、今日においても継続している状態にある、といえる」と述べていた。(38)また、同首席裁判官は、エステス事件における多数派の五人の裁判官のうちの一人であるジョン・ハーラン裁判官が、テレビジョンによるすべての裁判の報道を完全に禁止するために票を投ずるようなことまではしていなかった点についても言及していた。なお、ロサンゼルス・タイムスは、「エステス事件の判決をこのような狭い方法でもって解釈して判決を全くくつがえしてしまうことを裁判官が避けた」事実に注目したのである。(39)

チャンドラー事件のもとにおいては、テレビによる放送はデュー・プロセスの本来的な否定にはならない。そのため、ここで計画された制度のように、被告人は、多くの票を獲得されてしまうかもしれないということで、法廷においてカメラを用いる制度はうまくゆくようになりそうである、とみられるようになってきた。もっとも、不正な行為が行われたならば、被告人は、デュー・プロセスの現実の否定からもたらされた判決に対して上訴する権利を有するのである。

(36) Chandler v. Florida, 101 S. Ct. 802, 813.
(37) Id. at 813.
(38) Id. at 809.
(39) L. A. Times, Jan. 27, 1981, Part I, at 10, col. 1.

3　プライバシーに対する脅し

法廷内におけるカメラは、潜在的には、刑事の裁判だけではなく、民事の裁判においても、すべての関係する当事者のプライバシーに対して脅しのポーズをとることになる。解説者の中の、ある者は、つぎにように考えるのである。「法廷において、テレビで放送されたり、または、写真を撮られたりなどする限度まではプライバシーの権利を失うことになると訴訟の当事者が思うのであれば、正当な主張を有する人々は、そのような主張を法廷に持ち出すのを思い止まってしまうかもしれない。(中略)(また)同じような問題は、証人や陪審員などのような当事者本人以外の資格でもって裁判に参加することになる者のプライバシーの権利についても起るかもしれないのである。[40]」このようなことは、確かに、あり得るように思われる。

他方において、プライバシーの権利にもとづいた電子メディアによる報道に対する、考えられる憲法上の挑戦は弱い、とみられている。最近における判例は、結婚[41]や出産[42]などの分野でもプライバシーの権利を導き出すようにしているのである。解説者のうちのいく人かは、侵害されることのない個人のパーソナリティの権利[43]を承認しなければならないことや、この権利がひとり個人に関係することだけ[44]に止まらないで、さらに、人の独立や尊厳や誠実さなどにもかかわるプライバシーの権利[45]を生み出してきている事実をも強く主張するに至っている。しかし、プライバシーの権利は、裁判官が創設するものであって、憲法がはっきり言及しているわけではない。もっとも、連邦最高裁判所は、連邦憲法の修正第一条[46]、同第九条[47]、同第一四条[48]にもとづいてプライバシーの権利を導き出してきているのである。

(40)　See Comment, Television and Newsreel Coverage of a Trial, supra note 11, at 624.
(41)　Griswold v. Connecticut, 381 U.S. 479 (1965).
(42)　Roe v. Wade, 410 U.S. 113 (1973); Doe v. Bolton, 410 U.S. 179 (1973).
(43)　See Kulwin, supra note 34, at 914.

(44) Karst, The Freedom of Intimate Association, 89 Yale L. J. 24 (1980).
(45) See Kulwin, supra note 34, at 914. また, See Televising Court Trials in Canada, supra note 34, at 698.
(46) Carey v. Population Services Int'l, 431 U. S. 678 (1977).
(47) Griswold v. Connecticut, 381 U. S. 479 (1965).
(48) Skinner v. Oklahoma, 316 U. S. 535 (1942).

ところで、裁判のような公の出来事に参加することは、国民のプライバシーの権利を骨抜きにしてしまう効果を有する。[49] 最高裁判所は、クレイグ対ハーニー事件[50]において、「裁判は公の出来事である。法廷の中において起るものは公の財産である、といえる。起った事柄を見たり、また、聞いたりする人々は、罰せられることなくこれを伝えることができる」と述べていた。いく人かの解説者は、公開によって特定の人の生命が危険にさらされることがないのであれば、公開の裁判においては関係者のプライバシーの利益はあまり重要ではない、[51]という見方に賛成していたのである。

法廷におけるテレビを用いての実験的な試みは、カメラによる報道によって危険にさらされることになるであろう関係者に対しては、常に保護を与えてきた。たとえば、チャンドラー事件においてのバーガー首席裁判官の見解は、子供や性犯罪の被害者や政府機関の情報提供者や、その他、「非常に気の小さな証人」に対してまでもフロリダ州における保護の問題に触れていたのである。[52] その一方において、チャンドラー事件の裁判所は、被告人をただ困らせるだけではプライバシーの権利に対する十分な侵害にはならない旨を判示していた。[53] そのため、法廷内においてカメラを使用してゆくことについての有効なプランは、カメラによる報道を行うかどうかの点をコントロールするについての利益を認めないようにして裁判の関係者のプライバシーの利益を考えてゆくようにすることである、との指摘がみられる。[54] とは言っても、最も難しいのは、被告人のプライバシーをほとんど侵害するような裁判を放送することに、どうしてもメディアが関心をもつことになってしまう事実を避けられないことにある。

(49)　たとえば、See Paul v. Davis, 424 U. S. 693 (1976); Cox Broadcasting Corp. v. Cohn, 420 U. S. 469 (1975); Craig v. Harney, 331 U. S. 367 (1947); Leverton v. Curtis Pub. Co., 192 F. 2d 974 (3d Cir. 1951); Gill v. Hearst Publishing Co., 40 Cal. 2d 224, 253 P. 2d 441 (1953), quoted in Comment, The New Star Chamber–TV in the Courtroom, 32 S. Cal. L. Rev. 281, 290 (1959). また、See Blashfield, The Case of the Controversial Canon, 48 A. B.

A. J. 429 (1962); Comment, Canon 35 : Cameras, Courts and Confusion, 51 Ky. L. J. 737 (1963); Note, Constitutional Aspects of Television in the Courtroom, 35 U. Cin. L. Rev. 48 (1966).

(50)　Craig v. Harney, 331 U. S. 367 (1947).

(51)　たとえば、See Kulwin, supra note 34 ; Televising Court Trials in Canada, supra note 34. しかし、See Comment Television and Newsreel Coverage of a Trial, supra note 11.

(52)　See 101 S. Ct. 802, 811. また、See Time, Feb. 9, 1981, at 51.

(53)　101 S. Ct. 802.

(54)　Mickey Beisman, Courtroom Cameras, 33 Federal Communications L. J. 126 (1981).

4　法廷内の環境の変化

(1)　関係者への心理的影響

法廷内におけるカメラの心理的な影響は、以前においては、裁判所やアメリカ法律家協会や解説者[55]などの注意を引かない分野であった。たとえば、エステス事件の場合には、陪審員や証人や裁判官や被告人などに対する、カメラの可能と思われる心理的な影響について触れていたにすぎない。[56]

ベーカーは、「[エステス事件の] 裁判所は、ものすごい心理的影響を具体的にずらりと並べて明らかにするということに関しては、ほとんど言及してこなかった。その代りに、裁判所は自らの見解を実証するにあたっては、『経験が教える』とか『人間性』などと言ったような『きまり文句』を用いたのである。しかし、法廷に関する写真のほかに研究者の得た結論を承認する州の認定は、エステス事件の裁判所にとっては自明といえたものに対して異議を唱えるのである（引用は省略）」と書き留めている。[57] 同じようにして、ネッテバーグは、エステス事件の裁判所の「憶測」に触れる。[58]

いずれにせよ、テレビによって放送された裁判のプロセスについての信頼のできる一貫した観察がなかったために、テレビで放送することに関しての、考えられる影響をただ単に思いめぐらせることができるだけであった。今日では、その数が次第に増えてきている、州から得られる法廷内のカメラに関する実験的な試みのデータは、テレビが裁判の進行に応じて、その心理的な重要性を弱めてきていることを指摘しているのである。[59]

(55)　たとえば、See Simon, Trial by Television, 38 Phi Delta 4 (Dec., 1959); Fatzer, supra note 7; Wilkin, Judicial Canon 35 Should Not Be Changed, 48 A. B. A. J. 540 (1962); Cedarquist, Televising Court Proceedings, A Plea for Order in the Court, 36 Notre Dame

Lawyer 147 (1961).

(56) 裁判所の考察の過程の検討については、See Televising Court Trials in Canada, supra note 34, at 709-13.

(57) See Baker, supra note 13, at 631.

(58) See Netteburg, supra note 8, at 468.

(59) たとえば、See Netteburg, supra note 8; Baker, supra note 13; Einsiedel, Television in the Courtroom: An Ohio Experiment（一九七八年の八月にジャーナリズムの教育協会に提出した論文）; Messerschmidt, Cameras in Court: A year Later, Miami Herald, June 30, 1978, at 1; Verdict Is in Favor of TV in Bundy Trial, Broadcasting, Aug. 6, 1976, at 29; Variety February 6, 1981, at 1において、自らの考えをきっぱりと否定したカウント裁判官のその後の新しいコメント。Goldman and Larsen, News Camera in the Courtroom During State v. Solorzano: End to the Estes Mandate?, 10 S. W. U. L. Rev. 2001 (1978).（フロリダ州の最高裁判所から入手できる）一九七七年七月五日から一九七八年六月三〇日までの間に選ばれた、フロリダ州の裁判所において電子メディアとスチール写真による報道を含む裁判にかかわり合った人々の態度に関するサンプル調査。Buchanan, Pryor, Meeske, and Strawn, The Florida Experiment, 15 Trial 34 (1979).（ウイスコンシン州の最高裁判所から入手できる。）（一九七九年四月一日の）法廷においてオーディオと視覚の設備の使

用を監視したりまたは評価したりなどする最高裁判所の委員会の報告。Hoyt, Courtroom Coverage : The Effects of Being Televised, 21 J. of Broadcasting 487 (1977).

エステス事件の五年前に、ウイリアム・O・ダグラス裁判官は、裁判を行うに際してのテレビの「油断のならない影響」について注意を与えていた。(60) 解説者は、自己を誇示する外向性の人(61)やおびえている証人(62)や気を散らされてしまった陪審員(63)などの危険を知るに至っている。このようなアプローチを、エステス事件は、カメラは関係者に心理的な影響を与えることによって裁判を変えてしまうことになろう、と判示して反映させたわけである。(64)

既に、一九三八年に、ジャーナリストの一人は、法廷からラジオの放送をするならば裁判を一般の人々の楽しみのためのショーにしてしまうであろうことを懸念していた。(65) その後、ペンシルヴェニア大学のアンネンバーグにあるコミュニケーション学部のジョージ・ガーブナー学部長は、テレビによって放送される裁判を中世のショー裁判や公開の自白の現代版とみなしたのである。(66)

さまざまな州における法廷でのカメラによる報道を観察してきたノーマン・デービスは、ガーブナーとは意見を異にしていた。デービスは、複雑なルールをもち、長い時間がかかり、大部分は控え目な進み具合になっている状態や、技術的な手続に焦点を合わせるやり取りや、一息入れてみたりまたはつかえたりなどする弁護人や裁判官を、観察者はみてきている、と主張する。また、かれは、「法廷がハリウッドのセットのようにはみえないこと」[67]や、とくに、フロリダ州の証人や陪審員などにおよぼすカメラの考えられる影響に関する心配は経験を重ねるにしたがってなくなってきている事実などを指摘するのである。[68]

（60） William O. Douglas, The Public Trial and the Free Press, 33 Rocky Mt. L. Rev. 1, 1 (1960).
（61） たとえば、See Cantrall, A Country Lawyer Look at Canon 35, 47 A. B. A. J. 761, 762 (1961).
（62） たとえば、See Doubles, A Camera in the Courtroom, 22 Wash. & Lee L. Rev. 1 (1965).
（63） Id.
（64） Estes v. Texas, 381 U. S. 532, 542–43.
（65） Bernays, Broadcast Trials?–No!, Lawyer (Mar. 1938), at 10–12.
（66） George Gerbner, Trial by Television : Are We At the Point of No Return?, 63 Judicature 416–26 (1980).
（67） See Norman Davis, supra note 8, at 88.

（68）　Id. at 91.

州の実験的な試みに対する裁判の関係者自身の反応は、圧倒的に肯定的であった。アイオワ州とテキサス州の二州は、一九五五年に制限付きの報道を許可した。[69] 裁判官、弁護人、証人、陪審長、それに、被告人などに関するサンプルの意見は、電子メディアによる経験について満足の意を表わしていた。フロリダ州[70]やオハイオ州[71]やウイスコンシン州[72]における別の研究も、この反応をそのまま繰り返しているのである。[73]

ワシントン州のシアトルにあるワシントン州報道協会から入手することのできるフィルムの中においては、フロリダ州におけるカメラの最初の重要なテストであるロニー・ザモラ事件の裁判において、裁判長が証人や陪審員や弁護人の各々にカメラの実験的な試みについての反応のためのインタビューを行っていることを知ることができる。また、ベーカー裁判官は、フロリダ州の最高裁判所に対して広範囲にわたる報告書を提出していた。[74]

（69）　Comment, Television and Newsreel Coverage of a Trial, supra note 11, at 617.
（70）　Aspen, Cameras in the Courtroom : The Florida Experiment, 67 Ill. B. J. 82 (1978) ; Whisen and Whisen, Florida's Experiment with Cameras in the Courtroom, 64 A. B. A. J.

1860 (1978).

(71) Einsiedel, Television in the Courtroom : An Ohio Experiment（一九七八年の八月に、ジャーナリズムの教育協会に提出した論文）cited in Netteburg, supra note 8, at 472.

(72) たとえば、See Hoyt, Cameras in the Courtroom : From Hauptmann to Wisconsin.（一九七八年に、ジャーナリズムの教育協会に提出した論文。）

(73) 一般的に、See Netteburg, supra note 8.

(74) Baker, Report to the Supreme Court of Florida Re : Conduct of Audiovisual Trial Coverage. (reprinted in Florida Judge Evaluates Camera Coverage of Trial, Editor & Publisher, Jan. 7, 1978, at 11).

コロラド州の最高裁判所の、O・オットー・ムーア裁判官[75]は、「カメラの前でそのように振舞う弁護人や裁判官は、特別のときであっても、そのものの本来の性質を変えることはない。カメラがあろうとなかろうと、『誇示癖のある人』や『気取り屋』は、そういうものなのである」[76]とみていた。他方において、アラバマ州のロバート・ホドネット裁判官は、かれが裁判長を務めた、ある殺人事件についての裁判をフィルムに収めたおかげで、実際には「自身とその他の法廷にいたすべての人々は気をゆるめるひまがなかった」ことを感じとったという。[77]

このほか、行動に関しての原因と結果を特別に分析した唯一の調査研究は、証人はテレビによって放送されなかった場合よりもテレビによって放送された場合のほうが、より鮮明に詳細に記憶にとどめていたこと、ならびに、かれらが間違って詳しく記憶していたことが比較的少なかったことを明らかにしている。[78] このようなことから、研究は、テレビによって放送される裁判は、証人の証言の性質を損なうどころか、むしろ、上向させるものである、との結論を下すのである。[79]

(75)　ムーア裁判官は、綱領の35と法廷における放送についての実験的な試みを州が採用しないようにすることを示唆するコロラド州の最高裁判所によって受け入れられた研究を完成させた。
(76)　In re Hearings Concerning Canon 35, 132 Colo. 591, 598, 296 P. 2d 465, 469 (1956).
(77)　Time, Feb. 9, 1981, at 5.
(78)　See Hoyt, supra note 72, at 489.
(79)　Id. at 492.

(2)　法廷内の礼儀作法に対する脅し

一九三六年のブルーノ・ハウプトマン事件の裁判[80]のサーカスのような雰囲気は、カメラは法廷内に礼儀作法を持ち込むようにさせるかもしれない、という変り方についてアメリカ法律家協会を驚かせたのである。このような関係は、既に、スチールや映画などの写真の撮影は裁判の荘重さを失わせることになるという理由から、イリノイ州の最高裁判所が、被告人の有罪判決を一部分破棄することにした一九一七年に明らかになっていたのである。その際には、裁判は「厳粛な取調べ」でなければならず「お祭りの行事」や「美術館での鑑賞」であってはならない、といわれた[81]。

ところで、前述のように、アメリカ法律家協会は、法廷における写真の撮影を禁止する綱領を成立させることにした[82]。論者の中には、ハウプトマン裁判と結びついた熱狂的な興奮状態は、法廷の内部におけるよりも、むしろ、外部において起ったことを指摘するものがいる[83]。けれども、アメリカ法律家協会は、その立場を、ほんのわずかばかり改めただけであった。一九三七年に定められた前記の綱領35を参照されたい[84]。

（80）　See Baker, supra note 13, at 626.
（81）　マンデー事件（People v. Munday, 280 Ill. 32, 67 ; 117 N. E., 286, 300（1917））を参照さ

れたい。
(82) See Baker, supra note 13, at 626.
(83) Kielbowicz, Story Behind the Adoption of the Ban on Courtroom Cameras, 63 Judicature 14, 23 (1979).
(84) A. B. A. Canons of Professional and Judicial Ethics 57 (rev. ed. 1957).

一五年後の一九五二年に、綱領の35の言葉は、テレビで放送することを含めるようにしたり、また、証言中の証人の気持ちを散らせることの危険のあり得ることを強調したりなどするように広げられた。「または、テレビで放送する」という語が、「放送すること」の後の二番目の文中に加えられることになったのである。さらに、「証言を行っている証人の気持ちを散らす」という言い方が、「訴訟手続にとって欠くことのできない荘重さ」の後に書き込まれた。このほか、二番目のパラグラフにおいては、帰化の手続をラジオまたはテレビでもって放送しないようにすることを書き加えた。

一九五八年二月二二日から二五日までのアメリカ法律家協会の集会において、代議員会は、特別の意見聴取を行った。この集会において、法律家協会の代表者は綱領の35を弁護したが、これに対して、新聞やラジオやテレビなどのメディアのスポークスマンは、綱領の35をゆるめる事例を持ち出したのである。しかしながら、アメリカ法律家協会は、綱領を一九五二年の状態で維持することにした。その後は、一九六三年に、あまり重要ではない、いくつかの語句を削除するという改正を行ったにすぎない。(85) テレビで放送される裁判手続に関するアメリカ法律家協会の反対の中における唯一の変り方は、テレビによる放送を学校において認めるようにした綱領の3A(7)を綱領の35と入れ代えた点にみることができる。しかし、新しい綱領は、一般的な公開の視点に立って法廷内のカメラの問題に対する現実の方法について述べるようなことはしていない。裁判所においてカメラと放送に関しての実験的な試みが成功してから五年が経過しても、アメリカ法律家協会は、綱領の3A(7)の制限をゆるめるようにすることについてのその後の勧めを断りつづけたのである。(86)

公正な裁判と自由な報道に関するアメリカ法律家協会の臨時の委員会の委員長を務めたグッドウィン裁判官は、一九七九年に、放送することを公判の裁判官が禁止するようにすることを認める綱領の3A(7)の中の「裁判官」の前に「公判」という言葉を書き入れることについての自らの委員会の提案を審議している。他方において、グッドウィン委員会の提案がアメリカ法律家協会によって採択されたとしたならば、上訴裁判所は、カメラによる報道を伴う実験的な試みを自由に行うことができた、といわれていた。「裁判所は、少数の聴衆の前だけではなく、多数の聴衆の前においても、その役目を立派に果すことができるということを、そのような実験的な試みは証明することができた」とグッドウィンは考えるのである。[87]

(85) See Comment, Television and Newsreel Coverage of a Trial, supra note 11, at 616.
(86) See Goodwin, supra note 4.
(87) Id. at 77.

テレビによる放送に対する賛成に向けての、ある程度の前進がなかったわけではない。一九七九年に、アメリカ法律家協会の「公正な裁判と自由な報道に関する委員会」は、「裁判の手続をテレビやラジオや写真などによって報道することは、そのこと自体は公正な裁判を受ける権利に反することにはならないし、また、そのような報道を条件や制限などをつけた上で許すようにしなければならない」と述べていた。[88] とはいえ、アメリカ法律家協会は、その時点においては、全体としては、このような立場を受け入れていなかった。それに、また、綱領の3A(7)は、依然として、その効力を有していたのである。

アメリカ法律家協会の法廷内における礼儀作法についての継続的な関心を考えるならば、カメラを使用する計画は、裁判上の手続にかかわる荘重さを保証するようにしなければならなくなってくる。このようにするための一つの方法は、礼儀作法の問題の中に、メディアを、直接、かかわり合わせるようにすることである、といわれている。[89] 提案された計画は、そのようなかかわり合いをもたらすことになるのである。

(88) See Comment, Television and Newsreel Coverage of a Trial, supra note 11, at 616.
(89) See Mickey Beisman, supra note 54, at 130–31.

5　裁判官へのプレッシャー

いくつかの州における実験的な試みは、被告人が同意を与えるときには、いつでも、裁判官に放送を行うことについての決定をさせるようにしていた。もっとも、チャンドラー事件以後においては、被告人の同意を必要としなくなったことは言うまでもない。連邦の裁判所は、依然として、カメラを禁止している。それに、決定をゆだねられることになる裁判官は、世間一般から選ばれて、しかも、政治的なプレッシャーを受けやすい、州の裁判官なのである。一九四六年に定められた連邦の刑事訴訟規則には、つぎのように書かれている。[90]

> 連邦刑事訴訟規則53
> 「裁判手続が進行している間に、法廷内において、写真を撮ったり、また、法廷からラジオによって裁判の手続を放送したりなどすることは、裁判所において許されることでは

ない」

この点は、一九六二年に、すべての連邦の裁判所は、法廷とその周辺の両者からテレビを締め出すことを命令する、とした司法会議の決議によって補われることになった。(91)

(90) Fed. R. Crim. P. 53.

(91) Annual Report of the Proceedings of the Judicial Conference of the United State, March 8-9, 1962, p. 10, quoted in Estes v. Texas, 381 U. S. 532, at 583, n. 40 (1965).(多数意見)

解説者は、公判裁判所の裁判官は大衆の圧力に負けてしまって、その結果、報道を許してしまうので、自らの再選の機会を危うくすることはない、という事情を述べていた。(92) しかし、このような特殊な事情があったにしても、裁判官が世間一般から選ばれるという事実は、問題とされる裁判官自身の全体としての裁判の上における完璧な姿をもたらすことにはならないわけである。筆者の一人は、そのほとんどが一般大衆の側からひき起された事柄によってプレッシャーを受けることになった裁判官や陪審が、問題を解決してゆきながら見せ物に変ってしまう事件を予見する。(93) もっとも、ペンシルヴェニア大学のジョージ・ガーブナー(94)は、刑事裁判は因習的な道徳上のプレッシャーやある時期における一般の人々の声などからはできる限り影響を受けないようにしなければならない旨を、とくに、指摘していた。[95] 裁判をテレビによって放送するかどうかの問題を一般の人々の声でもって解決するとするならば、それは、また、裁判の手続の結果を決めることができる、とも考えられることになろう。

このほか、二〇年間、カリフォルニア州のマーセッドの上位裁判所の裁判官をしていたドナルド・フレッツは、一般の人々についてだけではなく、全体的な観察からメディアによる裁判官へのプレッシャーを予見するようにしていた。さらに、かれは、コロラド州のデンバーはニューヨークでもロサンゼルスでもないわけであって、一つの地域社会にとって効果のあるものが他の地域社会のためにも効果があるとは限らない、との見方をする。[96] 再選の努力の際に助けとなることができた電子メディアと良好な関係をもちつづけたいとするならば、公判裁判所の裁判官は、この点を気にとめる必要はないといえるかもしれない。理想としては、裁判官は解決しなければならないことに関しては強い発言権をもつようにすべきであるけれども、放送についての決定の苦労だけはするべきではない、との見解がみられる。[97]

(92)　たとえば、See Comment, Canon 35 : Cameras, Courts and Confusion, supra note 49 ; Cedarquist, supra note 55, at 157 ; Graham and Fretz, supra note 5, at 548.

（93） See Cedarquist, supra note 55, at 157.
（94） ジョージ・ガーブナーは、アンネンバーグにあるコミュニケーション学部の学部長である。
（95） See George Gerbner, supra note 66, at 417.
（96） See Fretz, supra note 5, at 549.
（97） See Mickey Beisman, supra note 54, at 132.

二　電子メディアによる報道の有利な点

1　公開の裁判の権利

法廷内におけるカメラに賛成する論拠の一つは、被告人と一般の人々の両者の公開の裁判に対する権利である。被告人は、連邦憲法修正第六条の下においてそのような権利を有する。同条は、はっきりと、「被告人は、迅速で公開の裁判を受ける権利を有する」と規定している。[98] なお、その上に、最高裁判所は、公開の裁判に対する権利を連邦憲法修正第一四条のデュー・プロセスの条項に含めることにした。[99] 解説者の一人によるならば、被告人のこの権利は、「星座裁判所スタイルの裁判手続から被告人を保護するために、また、必然の結果として公正な公開の審理に対する被告人の不可侵の権利を保証するために行使される」ことになるのである。[100] マック事件におけるマスマンノ裁判官の不賛成の意見は、公開の裁判の理由を皮肉まじりに、つぎのように述べていた。「裁判所における訴訟手続を考えてみるに、公開についてのかかわり合いに反対する（中略）議論は、古代において星座裁判所の裁判手続を弁護したり、また、秘密の審理を正当と認めたり、あるいは、常に一般の人々の目のとどかないところで行われる拷問や責め苦を正式に許したりなどしようとする議論と同じなのである。そう、ほんとうに、どうして文明の時計をもどすようにしないのであろうか。それで、（中略）記録については写真やその他の方法でもって保存しないようにしよう。[101]」

(98) U.S. Const. amend. VI.
(99) In re Oliver, 333 U.S. 257 (1948).
(100) See Televising Court Trials in Canada, supra note 34, at 678.
(101) In re Mack, 386 Pa. 251, 279, 126 A. 2d 679, 692 (1956)（マスマンノ裁判官は反対意見である）、cert. denied, 352 U.S. 1002 (1957) Partially quoted in Doubles, A Camera in the Courtroom, supra note, 62, at 7-8.

そのような裁判についての被告人の権利に匹敵するような公開の裁判の権利を一般の人々

が有するかどうかは、未解決の問題といえる。連邦憲法修正第六条は一般の人々には触れていない。しかし、論者の一人は、連邦憲法修正第六条の「二番目に重要な目的」は、「一般の人々がもつ告知を受ける権利」である、と主張する。[102] いずれにせよ、下級裁判所の一つにおいては、公開の裁判の場に（地域社会の）住民が出席することは、そのような権利が憲法の中に規定されていてもいなくても、被告人の出席と同じように基本に属するものである、と述べていた。[103]

一般の人々が裁判に出席する権利に関しては、裁判所は、憲法上の地位を与えることまではしてこなかった。ニューヨークの裁判所は、公開の裁判の権利は被告人だけに備わるものである、と判示した。[104] しかし、最高裁判所は、「法廷の中で起る出来事を報道機関に伝えさせないようにするものはなにもない」と述べていたのである。[105] とりわけ、最高裁判所は、「警察や訴追者や裁判のプロセスを広範囲にわたって一般の人々の監視や批判にさらすこと」のメディアの価値を認めるに至った。[106]

ネブラスカ新聞社事件において、裁判所は、ネブラスカの小さな町で起ったセンセーショナルな大量殺人事件を取材していたメディアに対して報道の禁止の命令を発した。メディアは、被告人に関する自白や自認やその他の「強いかかわり合いのある事実」などの報道を禁じられた。最高裁判所は、裁判官全員一致の意見により報道禁止の命令は憲法違反にあたる、と言明したのである。三人の裁判官は報道禁止の命令は常に憲法に違反する、との見解を示した。これに対して、残りの二人の裁判官は、状況がメディアに対してそのような制約を保証することができたかどうかにかかわる判断を差し控えるようにした。

(102) Comment, The New Star Chamber–TV in the Courtroom, supra note 14, at 288.
(103) W. Scripps Co. v. Fulton, 100 Ohio App. 157, 161, 125 N. E. 2d 896, 899 (1955).
(104) United Press Ass'n v. Volente, 308 N. Y. 71, 123 N. E. 2d 777 (Ct. App. 1954).
(105) Nebraska Press Ass'n v. Stuart, 427 U. S. 539, 568 (1976) (quoting Sheppard v. Maxwell, 384 U. S. 333, 362–63 (1966).
(106) Sheppard v. Maxwell, 384 U. S. 333, 350 (1966).

2　裁判の教育的な価値

一般の人々が裁判に出席するについての憲法上の権利をもたないとしても、そのようにする公民としての義務はあるわけである。ある論説において、「一般的に言って、アメリカ人は自分たちの法律制度がどのような働きをしているのかについては理解していない。法律の関係者が、一般の人々に対して法律制度について教育する倫理上の義務を負っているにもかかわらず、このような無知がみられる。(中略) 裁判所における訴訟手続をテレビによって放送することは、教育上の透き間を埋めるにあたっては、とくに、有効に役立つことになろう」との指摘がみられた。(107)

ローパー調査においては、テレビが国の主要なニュース・ソースとして他のすべてのメディアをリードするものである事実を明らかにしていた。(108) 実のところ、ジェローム・ウイルソンは、テレビが裁判所を必要としているというよりも、むしろ、裁判所がテレビを必要としているのである、と考えるわけである。かれは、法廷内についての報道は放送局のマネージャーの最高度の優先事項ではないとみながらも、それでも、「ニュース・コミュニケーションという国の最重要の手段であるテレビによる放送がなければ、裁判制度は、ゆっくりと不明瞭な状態に陥ってしまう。テレビについて言うならば、まさに、裁判制度を明瞭にしてゆくことになるのである。(中略)」と書き記していた。(109)

しかし、テレビで放送することは「選択のプロセス」といえる。メディアは、どのような裁判を放送するのを望むか、の決定をしなければならない。いく人かの人々が最もセンセーショナルな裁判だけを放送したいという関心を表してきたことは、十分に理解できる。たとえば、チャンドラー事件以後、被告人の願いに反してカリフォルニア州において放送された最初の事件は、ローレンス・ビッタカーのセンセーショナルな強姦・拷問殺人の事件であった。なお、このビッタカー事件の裁判に関する最初の放送は二月五日の水曜日に行われた。

(107) See Baker, supra note 13, at 641.

(108) See Goldman and Larsen, News Camera in the Courtroom During State v. Solorzano: End to the Estes Mandate?, 10 S. W. U. L. Rev. 2001, 2004 (1978). この中において報告されたローパー調査の結果を参照されたい。

(109) Jerome Wilson, Justice in Living Color: The Case for Courtroom Television, 60 A. B. A. J. 294, 294 (1974).

ロサンゼルス・タイムズのテレビについての批評家であるハワード・ローゼンバーグは、ビッタカー事件の裁判を撮影したいというメディア側の要求に関して解説した中で、「強姦と殺人とはテレビを成功させることになる。（中略）結局のところ、われわれは、ここでは、快い刺激を受けたいとする一般の人々の権利のために奮闘しているのである」と述べていた。[110]

また、裁判の依頼人で飲酒運転の事件についての裁判のテレビ放送に同意を与えたロサンゼルスの地方議会の議員の、弁護人であるデヴィット・グリックマンは、「それ（テレビで放送すること）は、選択されなければならない。ビッタカー事件は人の居間に持ち込むような性質の事件ではないと思う。それは、あまりにも不愉快な事件であるといえる」と主張するのである。[111]

このほか、ハリスの世論調査によれば、一般の人々のうちの五三パーセントのものが、いくつかの裁判においては報道機関と一般の人々を締め出すようにするべきであることに賛成していた事実を明らかにする。[112] このテーマを追い続けて、その後における論説をみてゆくと、そこでは、ハワイ州が「センセーショナリズム」を禁止する内容をもつテレビの放送のための規準を考察している事実を強調することができる。[113]

(110) Howard Rosenberg, Getting to the Gore of Courtroom TV, L. A. Times, Jan. 30, 1981, Calendar, at 1.
(111) Id. at 19.
(112) How Lawyers View New Media-Court Decisions (law poll), 66 A. B. A. J. 444, 444-45 (1980).
(113) Ross and Laurie, Cameras in Court-Focusing in on Constitutional Problems, 15 Hawaii B. J. 83, 87 (1980).

他方において、NBCの司法記者であるカール・スターンは、テレビがセンセーショナルなものに集中してゆくという憶測された傾向については異議を唱えるのである。かれがアメリカ法律家協会の刑事裁判部門の「法律とメディアの委員会」の副委員長をしていたときに実施した調査によると、地方の放送局の法律に関する記事の半分だけが刑事裁判についての報道を含んでいたにすぎなかったことが指摘されている。[114]

とはいっても、いずれにしても、メディアがセンセーショナルな刑事裁判に集中してゆく機会はある、といってよい。けれども、法廷内においてカメラを使用することについての十分に計画された制度は、最小の要件を課すことによってこのような傾向を少なくすることができる、といわれる。[115]

(114) See Hirschhorn and Stern, supra note 3, at 145. このコメントは、刑事裁判だけが世間を沸かせることができる、というスターンの仮説を認めないことになる。
(115) See Mickey Beisman, supra note 54, at 135.

3　報道の自由

アメリカ法の中においては、報道の自由は最も大事にされてきた価値の一つである。[116] 連邦憲法修正第一条は、はっきりと、「連邦議会は、言論および出版の自由を制限する（中略）法律を制定することはできない」と規定する。なお、連邦憲法修正第一条は、省略のない形では、つぎのように定められている。「連邦議会は、国教の樹立を規定し、もしくは、信教上の自由な行為を禁止する法律または言論および出版の自由を制限し、あるいは、人民の平穏に集会をしまたは苦痛事の救済に関して政府に対し請願をする権利を侵す法律を制定することはできない。」もっとも、この報道の自由は、まったく自由というわけではない。[117]

第九巡回裁判区のアルフレッド・T・グッドウィン裁判官[118]は、元記者の立場から、報道の自由の論議に対しては同情を寄せながらも、「法律の関係者や裁判官の立場から言うならば、たとえ憲法であったとしても、法律は争われている価値を調整しなければならないのである、と信じられている」と書き記していた。[119]

(116)　Bridges v. California, 314 U. S. 252, 260 (1941).
(117)　See Baker, supra note 13, at 629, n. 50.
(118)　綱領の3A(7)が、テレビによる法廷内の放送を許すように書き直されるべきである、というアメリカ法律家協会に対する一九七八年の勧告におけるグッドウィン裁判官の役割に関しての説明についてては、前掲の注（4）と同（86）を参照されたい。

(119) Goodwin, Press-Court Relations : Can They Be Improved? 7 Hastings Const. L. Q. 633, 638 (1980).

ユゴー・ブラック裁判官は、争われている報道の自由の価値と被告人の公正な裁判を受ける権利との間で起る可能性のある対立を「市民的自由の擁護者の悪夢」と呼んだ。なぜならば、「自由な言論と公正な裁判は、われわれの文明が最も大事にしてきた政策の中の二つであるし、それに、それらの間で選択をすることはつらい仕事となるであろう」からである。[120]

これらの価値の間において公然と選択することを最高裁判所は拒否した。エステス事件における多数派は、公正な裁判を受ける権利を「あらゆる自由の中における最も基本的なもの」と称した。[121] けれども、裁判所は、後になって、連邦憲法修正第一条の権利を「われわれの法体系の中にあっては同じように基本的なもの」であることを認めるに至ったのである。[122] このことに関しては、「権利宣言の立案者が、連邦憲法修正第一条の権利と同第六条の権利との間における優先順位、つまり、一方が他方よりも優れている、というようなランクづけをするようなことをしなかった」との説明をしていた。[123]

チャンドラー事件は、報道の自由と公正な裁判が共存する場合におけるカメラによる報道のための道をはっきりさせたわけである。また、放送するかどうかの決定の場合に、報道機関と被告人に同等の発言権を認める条項は、共存を確実なものにすることができた。

(120) Bridges v. California, 314 U. S. 252, 260 (1941).
(121) Estes v. Texas, 381 U. S. 532, 540.
(122) Nebraska Press Ass'n v. Stuart, 427 U. S. 539, 586 (1976)（ブレナン裁判官は賛成意見である。）また、See supra note 105.
(123) Id. at 561.

三　繰り返されるテーマについての総括

法廷内のカメラの問題についての解説の場合、繰り返されるテーマにかかわる分析は、その実施計画が含めなければならない各種の特色に関するチェックリストをもたらすことになる。そのような計画においては、理想としては、放送時間の問題、デュー・プロセスの否定に関しての被告人の主張、裁判の関係者のプライバシーに対する脅し、法廷内の環境についてのマイナスの変化、世間一般から選ばれた裁判官に加えられるプレッシャーなどの問題を取り扱うようにすることができなければならない。同時に、また、計画は、公開の裁判に対する権利を強めたり、あるいは、センセーショナルな裁判についての報道の傾向を弱めるようにしたりなどしながら、報道の自由と公正な裁判を受ける権利を釣り合わせるようにすることも必要となってくる、といえよう。

カメラによる報道に関するそれまでの州の実験的な試みは、右に挙げた必要な要件をすべて満たしてきてはいなかったのである。しかし、これらのさまざまなアプローチを再検討してみることは有益なことである、といってよい。なぜならば、示唆せられた実施の計画との関係をもたらすようになるからである。

第三節　法廷内の報道についての州の実験的な試み

一　概　説

法廷内の報道についての問題に、すべての州が直ちに取り組んだわけではなかった。いくつかの州においては、マイナスの方法でもって法廷内の報道の問題と取り組んでいたのである。たとえば、インディアナ州の最高裁判所の長官は、一九七七年に、三つの裁判をテレビによって放送するのを許すことにかかわり合った裁判官に対して懲戒処分を言い渡した。また、サウス・カロライナ州においては、その後に、児童に対する虐待事件の報道を認めた裁判官に対して懲戒処分に付する、と言って脅しをかけたことがあった。なお、その上に、多くの州の場合には、強姦や児童の虐待や離婚や夫婦喧嘩や企業秘密にかかわる問題や少年裁判などの報道を禁じていた。[124]

ニューヨーク州においては、法廷内の報道に関する禁止を公式には解除していなかった。けれども、上告裁判所（同州の最高位の裁判所）のローレンス・H・クック長官は、法廷内のカメラに賛成である旨を述べていたのである。[125]

ところで、この種の問題と取り組んでいる州を大雑把に分けると、① 当事者全員の同意を必要とするもの、② 検察側と被告人側の同意を必要とするもの、③ 証人と当事者と陪審員の同意を必要とするもの、④ 裁判官の同意のみを必要とするもの、の四つの種類がみられる。

（124）　See Graves, Cameras in the Courtroom : The Situation Today, 63 Judicature 24, 26 (1979).

（125）　See Cooke supra note 4.

二　当事者全員の同意

コロラド州とルイジアナ州とネバダ州[126]とテキサス州[127]とワシントン州[128]、それに、テネシー州[129]の六つの州においては、裁判の報道に関しては当事者全員の同意を要求している。実は、テネシー州においては、当事者またはその弁護人は、いつでも電子による報道を止めさせることができるのである。なお、陪審員や証人なども自分自身にかかわる報道については禁止するようにすることができた。(130)

右のうち、コロラド州は、一九五六年に、裁判の実施に関するコロラド州法の綱領の3A(9)と同(10)によって、法廷内のカメラに不変的に報道の権限を与えるようにした最初の州なのである。コロラド州がアメリカ法律家協会の禁止に匹敵するような方向に進んでゆくべきかどうかを知るために、同州の最高裁判所が、アメリカ法律家協会の綱領の35についてのヒヤリングを行ったときに、O・オットー裁判官は、普通の照明のままで、しかも、気持ちを散らすような音をたてないでカメラを使用することができる、という内容の調査の十分に行きとどいた報告書を提出したのである。(131)

一方、ルイジアナ州の場合においては、一九七八年から一九七九年の二月までの一年間の実験的な試みのプランであった。このプランは当事者全員の同意を必要としていた。けれども、当事者の全員に拒否の権限を与える、というマイナスの面が現実には露呈してしまっている。「その一年の間、裁判は全部についてはテレビで放送されなかった。（中略）なぜならば、そのプランに対して当事者が同意を与えなかったからである。裁判官は、そのような放送を引き続いて許すようにする勧告にしたがった行動を待ち受けていた。(132)」

(126) Canon 3A(7), Nevada Code of Judicial Conduct.
(127) Canon 3A(7), Texas Code of Judicial Conduct.（報道は、教育の目的がある場合にのみ認められた。）
(128) Amendment to Canon 3A(7), Washington Code of Judicial Conduct.
(129) Amendment to Rule 43, Canon 3A(7), Tennessee Code of Judicial Conduct. また See Tate, supra note 3.
(130) See Tate, supra note, at 929.
(131) In re Hearings Concerning Canon 35, 396 P. 2d 465, 469 (Colo. 1956).
(132) See Graves, supra note 124, at 26.

そのようなアプローチは、もっぱら、裁判の関係者に焦点を合わせることになる。メディアは、テレビによる放送を決定する際には、直接、投票に加わることはない。また、計画された放送についての詳しい説明を求めることもできないのである。しかしながら、既に触れたように、テレビで放送することについての要求以上のメディアのかかわり合いは、裁判所の威信を保護したり[133]、また、放送時間に関する問題を解決したり[134]などするときには、最も有効な方法になり得るかもしれない、とみられていた。

(133) See supra notes 80-89.
(134) See supra notes 12-28.

三　検察官側と被告人側の同意

訴訟当事者の双方の側のプライバシーの利益を釣り合わせる努力において、ジョージア州とウェスト・バージニア州は、裁判にとって最も重要な二人の当事者である検察官と被告人の同意を要求する。ジョージア州は、一九七七年に、法廷内における報道を含む裁判の運営に関する同州の法律を改正した(135)。また、その一年後においては、ウェスト・バージニア州の最高裁判所は、一つの郡における公判裁判所の実験的な試みを正式に承認した(136)。

テレビによる放送に関して当事者の双方に拒否の権限を与えると、それは法廷内のカメラの利点である公開の裁判に対する権利(137)や放送のもつ教育的な価値(138)や報道の自由(139)などを脅かすことになってしまう。そのような権限は、裁判にとって最も重要な当事者である検察官と被告人の両者に発言権を与えることになる。電子メディアによる報道の取消しを独力では認めないようにする計画においては、これらの当事者は、また、その発言を聞き入れてもらうことができたのである。

(135) Canon 3A(8), Georgia Code of Judicial Conduct.
(136) See Graves, supra note 124 at 27.
(137) See supra notes 98–106.
(138) See supra notes 107–15.
(139) See supra notes 116–23.

四　証人と当事者と陪審員の同意

アラバマ州とアラスカ州の二つの州においては、事件の証人と当事者と陪審員の同意にもとづいた法廷内における報道を許すのである。このうち、アラバマ州は、そのような同意を得るようにした上で、公判と上訴の両段階におけるすべての裁判所においてカメラを認めるために、司法倫理に関する綱領を改正した。[140] その一方において、アラスカ州における実験的な試みは、州の最高裁判所と公判の裁判所のレベルでのみ報道を許すにすぎない。[141]

(140) Canon 3A(7A) and 3A(7B), Alabama Canons of Judicial Ethics.
(141) See Graves, Supra note 124, at 25.

カメラを法廷内において使用することについてのこのような方法は、以前のアプローチよりは、放送に関する決定の際に、当事者に、より多くの発言の機会を与えることになる。しかし、重要な当事者が一人抜かされているのである。それは裁判官である。法廷内における荘重さについての継続的な関係を考えるならば、[142] 裁判の秩序正しい役割の遂行について確固たる関心を示す裁判官は、この種の決定には当然加わらなければならない。また、裁判官は、訴訟手続についての当事者全員の利益を十分に考慮しなければならない役目をも負わされることになる、といえよう。右のような理由から裁判官を排除してはならないのである。[143]

(142)　See supra notes 80–89.

(143)　See Beisman, supra note 54, at 139.

五　裁判官の同意

他の州においては、裁判官は大きな力を振う。アリゾナ州[144]とウイスコンシン州[145]、それに、フロリダ州[146]においては、放送を行うことの決定を完全に裁判官に任せている。[147] なお、既に指摘したように、[148] 裁判官は世間一般から選ばれるのである。モンタナ州においては、理由をはっきり述べるならば、裁判官は電子メディアによる報道を認めないようにすることができる。[149]

このほか、カリフォルニア州(150)とオクラホマ州(151)においては、公判の裁判官と被告人の同意を要求することにしていたけれども、チャンドラー事件以後は、もはや、被告人の同意を得る必要はなくなっている。(152)

(144) See Graves, supra note 124, at 25.
(145) Canon 3A(7), Wisconsin Code of Judicial Ethics.
(146) Canon 3A(7), Florida Code of Judicial Ethics. また、See Kilso and Pawluc, Focus on Cameras in the Courtroom : The Florida Experiment, and the Pending Decision in Chandler v. Florida, 12 Pacific L. J. 1 (1980).
(147) See supra notes 90-97.
(148) Id.
(149) Canon 35, Montana Canons of Judicial Conduct.
(150) Canon 3A(7), California Code of Judicial Conduct ; Los Angels Times, Jan. 27, 1981, col. 1.
(151) Canon 3A(7), Oklahoma Code of Judicial Conduct.
(152) Chandler v. Florida, 101 S. Ct. 802.

ひろく世間一般から選ばれる裁判官は、終身の任命を受けた裁判官と同じように、裁判を行うに際しては誠実にその任務を遂行するであろう。しかしながら、放送にかかわる決定が完全に裁判官に握られているときには、一般の人々からの幅広いプレッシャーやフレッツ裁判官が述べているようなメディアからのプレッシャー[153]などは、不必要な重荷となってくる[154]。このような場合、再選への知らず知らずの願望が、裁判における公平無私であるべきものの邪魔をするかもしれないのである。ただ、適切な計画の下に置かれているならば、裁判官は、放送の決定を行うにあたり極めて重要な役割を演ずることができるし、さらに、外部からのプレッシャーに対しても比較的攻撃にさらされないですんできた、とみられている[155]。

(153) See Fretz, supra note 5.
(154) 一般的に、See supra notes 90–97.
(155) See Beisman, supra note 54, at 139.

六　法廷内の報道についての州の実験的な試みの総括

チャンドラー事件における最高裁判所は、カメラの使用についてのフロリダ州の計画が完全なものであるとは考えていなかった。それは、法廷内における報道に関するフロリダ州のアプローチを「発展的な段階にあるもの」[156]とみていたからである。このほか、州は自由に実験的な試みを続けてゆくようにしなければならない、とも言明していたのである。[157]これまでのところは、前記において検討を加えた実験的な試みが、カメラによる報道についての継続的な関係のすべてと取り組んできたというわけではなかった。それぞれの構想においては、バランスの良くとれた計画の中に存在する要素のうちのわずかばかりのものを含めていたにすぎない。つまり、第一のグループの州は、当事者のすべてに発言権を与える。また、第二のグループの州は、双方の側による拒否権の行使を認める。さらに、第三のグループの州は、証人と当事者と陪審員の同意を求める。最後のグループの州は、裁判官に集中させるのである。

これらの当事者のすべてては、放送の決定の際には重要な存在となる。しかしながら、各々のものは、カメラによる報道についての有利な点を取り入れ、不利な点を最小限に押さえてゆくようにするアプローチに統合されてゆかなければならないのである。もしそうでないとするならば、裁判所がカメラによる報道についてのフロリダ州の計画の中において知り得た発展的な方法は、その中止が早まることになろう、とみられていた。[158]

(156)　Chandler v. Florida, 101 S. Ct. 802, 813.

(157) Id. at 808.

(158) See Beisman, supra note 54, at 140.

第四節　カメラの使用についての提案

一　概　説

ニューヨーク州において最高位に位置する裁判所である上告裁判所のC・H・クック首席裁判官は、つぎのように書き記している。

「争いごとを解決するための社会的な道具として裁判所が現われるようになったときには、電子による録音装置は言うにおよばず、カメラでさえも知られていなかった。今では、それらのものは、社会の組織の中において知られた存在として出回っている。そこで、裁判の現場を伝えるにあたり、それらのものを使用すべきかどうかについて決定しなければならないのである。また、使用することになった場合には、その方法に関して、はっきりした計画を立てるようにしなければならない。(159)」

チャンドラー事件における最高裁判所は、裁判の現場を伝えることについてカメラは有効な働きをすることができると判示はしたが、しかし、その後、その方法については、はっきりした計画を立ててきてはいない。なお、チャンドラー事件における裁判所は、テレビによる放送を行わなければならないとは命令していなかった。

他方において、論者の一人は、公判の裁判所の裁判官が慎重に考慮しなければならない一般的な要素を示唆する。[160]この種の要素に属するものとしては、被告人の願望とかサーカスのような雰囲気の見込みとか裁判所における礼儀作法におよぼす影響とかの裁判手続の種類や性質などが挙げられる。これに対して、別の論者は、裁判官の意見にはおかまいなしに法廷内においてはカメラは許されるようにしなければならない、と主張するのである。[161]もっとも、いずれの者も、カメラの使用に関しての具体的な計画は提案していない。H・R・ファツァーが述べているように、確かに、「法廷内におけるカメラに賛成する者は、いつかは、カメラがもたらす問題に対しての提案や解決方法を申し出なければならないのである。実のところ、かれらが、これまでに問題をじっくりと考えてみたことの形跡は、ほとんどみられなかった」[162]といわれていた。

そこで、問題点を詳細に検討した上で、透き間を埋めるためのコメントが出されるに至った。[163]このコメントは、カメラによる報道の有利な点とさまざまな州におけるアプローチからの洞察を含む法廷においてのカメラに関するプランを提案するのである。このプランは、また、報道についての不利な点を最小限に押さえるようにしながら、クック裁判官が法廷のカメラのためには必要であると考える「はっきりした計画を立てる」ための具体的な規定を州に与えることになる。

(159) See C. H. Cooke, supra note 4, at 10.
(160) 3 Howard L. J. 154 (1957).
(161) See Comment, Television and Newsreel Coverage of a Trial, supra note 11, at 616-25.
(162) See Fatzer, supra note 7, at 242.
(163) See Beisman, supra note 54, at 141.

二　提案の内容(162)

「裁判をテレビによって放送することの申立ては、テレビ・メディアの関係者が、裁判所に対して行うことができる。この申立ての際には、備品や物的設備や予定された裁判の放送において使用される人間とその範囲についての詳しい説明を含めるようにしなければならない。」

「裁判所は、公判裁判所の裁判官、または、事件の別の上訴の裁判官によって選ばれた事件にかかわる上訴の裁判官の一人、検察側の代理人、被告人側の代理人、テレビ・メディアの代表者によって構成されたパネルを召集する。」

右のようなパネルを召集するには費用がかかる。法律上の制度としては裁判官を用意しなければならない。メディアは計画を準備して、その計画を提出しなければならない。なお、検察側と被告人側は、その論拠を提出しなければならない。しかし、そのようなパネルの費用は右の四つの関係者の間で分散されることになる。しかも、関係した当事者のすべてのものの利益をパネルが考慮にいれながらバランスをとることによって埋め合わされることになるのである。

「あとの三つの関係者は、パネルに出席するにあたっては同じ割合の時間をもつことになる。なお、その割合は、パネルの座長を務めることになった裁判官が決めるのである。これらの人々が出席した後に、パネルは、裁判をテレビによって放送することを許すかどうかの問題について投票を行うことにする。同数の場合には、パネルの座長を務めることになった裁判官が、さらに、もう一回、投票を行わせる。それぞれの裁判のために、そのようなパネルを一回だけ召集することができる。」

「パネルがテレビによる放送を承認する場合には、撮影の間、法廷内にとどまることになるテレビ・メディアの関係者のすべてのものは、裁判所における礼儀作法を守ることを約束した書面に署名をしなければならない。検察官や被告人を除いた、それ以外の陪審員や証人などは、要求を行うことによって、パネルからカメラによる報道の免除を受けることができる。子供または性犯罪の被害者は、法廷内において写真を撮られることはない。パネルが刑事裁判のテレビ放送を承認するときには、パネルの座長を務めることになった裁判官は、パネルによる決定があったときから一年以内に、刑事裁判のフィルムを使用しているすべてのテレビ放送局によってフィルムによる報道の行われている民事裁判を選ぶようにしなければならないのである。」

(162) See Beisman, supra note 54, at 141.

三　提案の分析

1　電子メディアによる報道の不利な点

(1)　物的な問題(163)

裁判所に提出しなければならないメディアの申立書は、押し入ってくる設備という物的な問題と裁判所への放送時間の押し付けと取り組むようになってゆく。計画においては、備品や設備や放送などに関係することになった人々について詳しく説明しなければならないことを明記する。このほか、予定された放送の範囲についても要求される。

少なくとも二種類の放送が存在する。つまり、裁判をほぼそっくりそのままテレビの特別番組として登場させることができるほか、定時のニュース放送のために要約の部分を抜粋することもできるのである。最初の事例の場合においては、電子メディアは法廷にひっきりなしに現われる。これに対して、二番目の事例の場合においては、メディアは、たとえば、特定の証言とか弁護人の最終弁論だけに集中させるように選ぶことができるのである。申立書の詳細な説明(164)は、テレビが許されることになった場合に、設備や放送の時間が、裁判において、どのような役割を果すようになるのか、について比較的完璧ともいえるような状況をパネルに知らせることになる。もしも物的な事柄に関する詳しい説明が過酷な印象を与えることになったとするならば、裁判官は、他の二つの関係者と同じように、放送に対し、反対の投票をすることができる。また、他方において、テレビの放送とかかわり合いをもつことになった設備やタイミングが押し入るような形にみえないときには、三つの関係者は、放送に賛成する旨の投票をすることができるのである。

メディアからの一定の申出での要求は、固定されたものとみることができる。ところで、裁判が始まる前に、テレビによる放送の中に何が含まれることになるか、を正確に予言することは難しい。たとえば、証人が証言台においておもいがけずに取り乱してしまったり、また、責任を問われている犯罪について被告人が自白をするならば、メディアは、そのような出来事をとどめておきたいとおもうのである。このようにするためには、テレビ・カメラは、常時、置かれていなければならないことになる。

正確に言うならば、申立書の中に何が入るかはメディアの決めることといえる。メディアは、他の三人のパネルの構成員が放送に賛成の投票をしてくれることを確信しえるとおもうものは何でも列挙することができるために、計画は、わざと、あいまいにする。また、証人が取り乱した事件の裁判のすべてをメディアが報道したいとするならば、その申立書の中にそのような報道を明記することもできるのである。

いずれにしても、電子メディアの要求と法廷の要求との間にはバランスがとれるようにしておかなければならない。とはいえ、詳細におよぶ計画は、メディアを一定のタイプの報道に閉じ込めてしまうようになるかもしれない。けれども、それは、また、特定のタイプの法廷内の環境を裁判所に保証させることにもなる、といえる。この点において、メディアは締め出されることはない。さらに、裁判所は、押し入ってくる物的な問題を解決するように求められることはないことになる。

(163)　See Beisman, supra note 54, at 142-43.

(164) See supra notes 18-28.

(2)　デュー・プロセスの否定[165]

この提案の下においては、テレビによる放送に反対する被告人は、投票において負かされることがあり得る。つまり、他の三人のパネルの構成員の全員は、放送に賛成する旨の投票をすることができる。また、裁判官は、同数になった投票をくずして、改めて賛成のほうに投票することができるのである。いずれの場合においても、デュー・プロセスの利益に対して最も神経を使う当事者である裁判官は、放送をすることが被告人の立場を危険にさらすことがないであろうことを確信しなければならない。

いずれにせよ、チャンドラー事件においては、裁判をテレビによって放送しても、そのこと自体はデュー・プロセスの否定にはならない、と判示された。また、裁判所は、権利の侵害が起るならば、「被告人は、自らの事件についての放送による報道が、デュー・プロセスの否定をもたらすのに十分なだけの有害な影響を裁判の関係者に与えた事実（中略）を立証するための再検討の権利をもつことになる」旨を指摘する。[166]もっとも、裁判官が放送に賛成する旨の投票をして、しかも、結果において、被告人に対する現実の損害が上訴の権利を生ずるときには、デュー・プロセスの否定は弱い脅しとなる。[167]もちろん、上訴に対する有罪の決定の後まで待たなければならないときには、被告人は現実には重い負担を負うわけである。つまり、被告人は、拘置所において不必要な時間を費やさなければならないかもしれないし、それに、また、上訴のための訴訟費用を払わなければならないことになる。

(165) See Beisman, supra note 54, at 143.
(166) Chandler v. Florida, 101 S. Ct. 802, 813.
(167) See supra notes 29–39.

(3)　プライバシーに対する脅し[168]

電子による報道は、裁判の関係者の全員のプライバシーを侵害する。事件の当事者と同じように、証人や陪審員や裁判官は、法廷が収容することができる以上の多くの聴衆の前に置かれる。しかし、デュー・プロセスの権利とは異なって、プライバシーの権利は、憲法の中においては、はっきり保証されていないのである。

既に触れたように、公開の裁判に関与することは市民のプライバシーの権利を切り取る働きを有する。[169]そこで、理想から言うならば、これらの利益が報道の問題の結果をコントロールすることになるのを認めないようにして、実施計画が関係者のプライバシーの利益を検討

するのを許すことであろう、といわれている。(170)

ここでの提案にもとづく実施計画は、三つの方法によってプライバシーの利益を釣り合わせる方法をもたらすのである。まず第一に、最も目につきやすい立場にある検察官と被告人と裁判官の三人の当事者は、カメラが認められるかどうかについて投票権を一つもつ。同数の場合には、裁判官は投票権を二つ与えられる。なぜならば、かれは、公正な裁判を受けるすべての人々の利益とかれらの関係を代表することになるからである。

つぎに、証人および陪審員は、自己にかかわるカメラによる報道を否定する権利が与えられる。かれらが広く報道されるということは比較的少ないので、電子メディアによる裁判の報道の問題に関しては直接の投票権はないことになる。このようなわけで、かれらの拒否権は、裁判の報道を脅かすことなしに自らのプライバシーの保護を可能にすることができる。

第三に、子供や性犯罪の被害者のプライバシーの利益は全面的な保護を受ける。チャンドラー事件における最高裁判所は、フロリダ州での実験的な試みのプログラムにおけるその種の定めに対して賛成である旨を述べて、それを「エステス事件の裁判における六つの見解によって予見された、とてつもなくひどい問題のいくつかを避けるための保護方法である」と呼んだ。(171)

計画は、妥当といえるようなバランスを得るに至っている。つまり、裁判をテレビで放送するかどうかの問題について自動的にコントロールする当事者の利益を認めないで、裁判の関係者のプライバシーの利益に対して発言の機会を与えるのである。要するに、証人や陪審員や子供や性犯罪の被害者は保護を認められることになる。けれども、検察官と被告人と裁判官だけは、裁判そのものの報道については投票の方法によって決めることになる。

(168) See Beisman, supra note 54, at 143-44.
(169) See supra note, at 49-53.
(170) See Beisman, supra note 54, at 143.
(171) Chandler v. Florida, 101 S. Ct. 802, 811.

(4)　法廷内の環境の変化[172]

既に検討したように、カメラが裁判のプロセスを常に取り囲まなければならない独立した環境[173]を変えるものであるかどうか、の問題が広く論じられてきたわけである。[174]多くの当事者がチャンドラー事件における最高裁判所に準備書面を提出した。すなわち、いろいろな州における法の執行を担当する役人、首席裁判官会議、一七の州の検事総長、アメリカ法律家協会、アメリカ法廷弁護士カレッジ、被告人側の弁護士などの多くの人々である。[175]これらの書面のすべてを詳細に検討した後に、裁判所は、「現在、利用することのできるデータは、すべての事件において、また、あらゆる状況において、電子メディアによる報道が、裁判の関係者に重大な有害な影響をもたらすことになるという見解を支持するものではないこと。つまり、少なくとも、より伝統的な形式による報道と対立したような形で電子メディアによる報道とユニークに結びついたものではないのである」という結論をとるに至った[(176)]。

上述の計画によるならば、裁判所における継続した礼儀作法に対して保証を与えることになる。つまり、撮影のあいだ法廷内にいる電子メディアの関係者のすべてに裁判所の威信を守る約束をした陳述書に署名することを求めることになる。その陳述書は象徴としての働きを有する。報道機関が混乱を引き起すならば、それは、さらに、裁判所侮辱罪を招くに至る。要するに、報道機関は、法廷内の当事者のすべての者に対して、裁判官がもつ裁判所の権限についての一般的な侮辱を招き寄せることになってしまう。それでも、そのような合意文書に署名することは役に立つといえる。なぜならば、それはメディアの関係者に対してかれらがもたらす環境を目立たせるようになるからである。

(172)　See Beisman, supra note 54, at 144-45.
(173)　Estes v. Texas, 381 U.S. 532, 587.

(174) See supra notes 80-89.
(175) Chandler v. Florida, 101 S. Ct. 802, 810, nn. 9 & 10.
(176) Id. at 810, n. 11.

(5) 裁判官へのプレッシャー(177)

カメラの使用のために提案された計画においては、放送の決定にあたり裁判官に強い発言権を与えている。しかしながら、それについての完全な責任を裁判官に無理矢理負わせるようなことはしていない。計画によるならば、パネルの構成員のうちの二人が電子メディアによる報道を正しいと考え、また、別の二人が正しくないと思うときには、裁判官だけが最終の決定を行うことになる。このようにして、少なくとも、他の一人のものが裁判官の態度を支持するものであることの確認が行われる。フレッツ裁判官によって予見された、裁判官に対するメディアからのプレッシャーはなくならないかもしれないけれども、メディアは、また、パネルの別の構成員に対しても焦点を合わせるようにしてゆく。

(177) See Beisman, supra note 54, at 145.

2　電子メディアによる報道の有利な点(178)

公開の裁判の権利や公開の裁判の教育的な価値や報道の自由などは、提案された計画によって強められることになる、とみられている。既に検討したように(179)、公開の裁判の権利は、被告人と一般の人々という二つの関係者を包み込んでしまう。両者は、法廷内における報道の問題を解決するために、提案されたようなパネルを送るのである。そこで、被告人が公開の裁判を望む場合には、そのことに賛成する票を投ずることができる。これに対して、一般の人々がテレビによって放送される裁判を願うときには、メディアの代表者がパネルに対して説得力のある申出でを行う、という方法がとられる。

刑事裁判についてのテレビ放送を民事裁判についてのテレビ放送によってバランスがとれるようにしなければならないときには、一般の人々は二倍の教育を受けることになる。このようなことから、一般の人々は、法律制度における刑事と民事の二つの側面にさらされる。メディアよりも、むしろ、裁判官のほうが民事裁判を選び出すのである。なぜならば、裁判所の代表者として、裁判官は、法律制度に対して何が釣合いの良くとれた呈示物になるのかについて比較的詳しく知っているからである。

パネルは、結局のところ、報道の自由と公正な裁判を受ける被告人の権利とを釣り合わせるためのメカニズムをもたらすことになる。放送の決定に際しては、報道機関と被告人の両者は同等の投票権を有する。メディアの代表者が常に放送を行うことに賛成の票を投ずるのは当然といえる。なぜならば、放送についてのメディアの要求がなければパネルの召集はあり得ないであろうからである。

被告人がカメラに反対の態度をとる場合でも、少なくとも、パネルの別の構成員の一人がメディア側の味方をしなければ、被告人は投票において負かされることはあり得ない。構成員の一人がメディアと協力しながら投票する場合には、裁判官が賛成のタイプレイクの票を投ずるときにのみ放送を行うことができる。このようなケースの場合においては、公正な裁判を受ける被告人の法律上の権利について最も神経を使う当事者である裁判官は、放送の点が脅しのポーズをとることにならない旨を確信することになる。二人の人々がメディアに協力して投票する場合には、被告人は、電子による報道が公正な裁判を危うくするであろうことを確信するに至る唯一の当事者となるわけである。

いずれにせよ、メディアの立場も被告人の立場も、ともに、カメラによる報道の問題を自動的に解決できるわけではない。事態は、かかわり合うことになった当事者のパネルによる検討を必要とする。被告人は、自らの事柄について他のパネルを説得することができない場合にのみ負けとなる。

(178) See Beisman, supra note 54, at 145-46.
(179) See Gerbner supra note, 95 at 417

第五節　総合的な取組についての総括

フロリダ州のチャンドラー事件において、最高裁判所は、ダブル・メッセージを送っている。すなわち、法廷内におけるカメラは、そのこと自体はデュー・プロセスの違反にはならないということと、州は自由に電子メディアによる報道を伴う実験的な試みを行うことができるということである。このような、報道についての不利な点と有利な点に関する分析は、実施計画が含めなければならない特色についてのチェック・リストを作り出すことになる。

理想としては、実施計画においては、放送時間、被告人に対するデュー・プロセスの否定、裁判の関係者のプライバシーに対する脅し、法廷内の環境のマイナスの変化、裁判官に対する世間一般のプレッシャーなどの問題を解決してゆくことができればこれに越したことはないといえる。それとともに、この計画にあっては、それでも、公開の裁判の権利や裁判の教育的な価値、それに、報道の自由などのテーマの必要も説かなければならないのである。前述の州の実験的な試みは、チェックリストにある項目のすべてについて同時に取り組んできてはいなかった。

これまで法廷内におけるカメラについて繰り返し取り上げられてきたテーマに関する解説を中心に検討してみた。しかし、その一方において、実験的な試みの中での先の見通しのない部分については避けられてしまっている。とくに、パネルが放送の決定を行うこと、メディアが詳しい説明のつけられた放送用の計画書を提出したり、また、法廷における礼儀作法をきちんと守ることの陳述書に署名したりなどすること、テレビで放送されたすべての刑事裁判と調和する、放送のための民事裁判をパネルの裁判官が選ぶことなどの点が指摘されるのである。

チャンドラー事件において最高裁判所がコメントしていたように、憲法によって州の裁判手続上の実験的な試みを監督したり、利用したりなどする権限は与えられていない[180]。したがって、はっきりした実施計画を立てるためには、州は、電子メディアによる報道にかかわる現在ある報道を集めるようにする必要がある、といわれている[181]。これまで述べてきた説明は、法廷におけるテレビ・カメラについてのアメリカにおける、ある包括的な検討にもとづいた計画を明らかにしたものである。

(180)　Chandler v. Florida, 101 S. Ct. 802, 813.

(181)　See Beisman, supra note 54, at 147.

第八章　電子メディアによる報道についての州の規準

第一節　コロラド州の電子メディアによる報道の規準

一　概　説

若干の州における電子メディアによる報道の規準をみてゆくことにしよう。初めにコロラド州を取り上げることにする。それは、この州がこの種の報道を許した最初の州であったことそのルールの概要の性質のためである。

裁判手続におけるテレビやスチール写真やオーディオ録音などに関して恒久的なルールを採用した最初の州は、コロラド州であった。一年以上におよぶ検討の末に、コロラド州の最高裁判所は、エレクトロニクスと写真によるメディアの報道を許すために、一九五六年に、同州の司法倫理綱領の35を改正したのである。(1) また、同州の高等裁判所は、比較的後になって報道を許可するようにした州とは異なって、公判の裁判所がしたがうことになる唯一の制限のあるガイドラインを定めた。ルールは、公判の裁判官に大きな自由裁量権を与える裁判にかかわる綱領の言葉づかいに、もっぱら、その根拠を置いていた。

（1） In re Hearings Concerning Canon 35, 132 Col. 591, 296 P. 2d 465 (1956).

二　主題と報道の範囲

コロラド州のルールは、公判の裁判官に自由裁量の権限を与えるようにしている。けれども、これは、エレクトロニクスによる報道を許可する公判の裁判官の能力を制限する内容のものとなっているのである。たとえば、コロラド州の綱領の3A(8)[2]は、その種の報道に関する最初の決定を公判の裁判官に与えている。しかしながら、綱領は、「公判裁判官の命令にもとづき、しかも、その際に、指示できるような状況の下において認められるのでなければ、報道は禁止する」と否定的に述べているのである。[3] 加えて、コロラド州の綱領の3A(9)は、法廷における荘重さを損ない、証人の気持ちを動揺させ、裁判所の評判を落し、このほか、公正な裁判の実現を実質的に妨げることになると裁判官が考えるときには、エレクトロニクスによる報道を禁止する処置をとるようにしていた。[4] このようなわけで、結果からみると、ルールは、電子メディアによる報道が裁判所に対してなんらの違反も与えていないと公判裁判官が納得できる事態を要求することになる。この点、他の州においては、混乱や権利の侵害の事実がなければ、裁判所は報道を許可することができることを定めるわけである。[(5)] さらに、コロラド州の綱領の3A⑽(a)は、証人あるいは陪審員が、罰則付の召喚状または裁判所の命令を得た際に、報道について異議を唱えることを許すようにしている。[(6)] しかも、そのルールの小段落の(b)においては、被告人が賛成して同意を与えるということがないときには、刑事事件の裁判手続についての電子メディアによる報道を禁止する態度に出る。[(7)]

一方において、コロラド州においても、極めて僅かばかりの写真や放送による報道ならば、裁判所において行われてきている、といわれる。また、通常の裁判所の訴訟手続において、裁判官や陪審員や罰則付の召喚状をもつ証人や刑事事件の被告人などの裁判の関係者の中のある者が異議を唱えることは、当然にあり得る。

（2） Canon 3A(8), Code of Judicial Conduct, Colo. Rev. Stat (1977).
（3） Id.
（4） Id. at Canon 3A(9).
（5） 「一般的に、See In re Petition of Post-Newsweek Stations, Florida, Inc., 370 So. 2d 764 (Fla. 1979).
（6） Canon 3A(10)(a), Code of Judicial Conduct, Colo. Rev. Stat (1977).

（7） Id. at Canon 3A(10)(b).

三　設備と人員

コロラド州のルールは、どのような設備や人員が裁判所によって認められるか、に関しては詳述していない。その後において、この種のルールを採用するようにした州だけがこれらの事柄を取り組むようになったのである。それでも、いくつかの州においては、設備は一定の基準を満たしていなければならない、というルールを定めて簡単に取り扱っていた。これに対して、フロリダ州のような別の州においては、利用することのできる設備についての特定の詳細なリストをルールの中に含めるようにしている[8]。

（8） See Post-Newsweek, 370 So. 2d at 785.

第二節　フロリダ州の電子メディアによる報道の規準

一　概　説

つぎに実験的なプログラムを生み出して広く世間の関心をひきつけたフロリダ州の報道の

規準についてみてゆくことにしよう。

疑いの余地なしに、フロリダ州の報道のルールは、他の州のそれ以上に、多くの人々の注目を集めた。その理由の一つは、謀殺の事件の防御として「テレビによる興奮」を利用したロニー・ザモラ[9]、謀殺の事件における裁判において自ら弁護を行うことを求めた元法学部の学生のセオドア・ブンディ[10]、さらに、仕事の道具を夜盗のための道具に変えた警察官のノエル・チャンドラー[11]などの悪名の高い犯罪者を起訴したことによる。理由の二は、苦難に満ちたはじまりであったにもかかわらず、フロリダ州の最高裁判所が、メディアによる実験的な試みを行い、収集した経験にもとづく資料をもとにして決定を下す決意を固めたように思われたからである。

(9)　State v. Zamora, No. 75-1684 (Cir. Ct. Dade Co.), aff'd without op., 33 So. 2d 42 (Fla. Dist. Ct. App. 1976)（「テレビによる興奮」とは、自らが、テレビ・ドラマの中で行為しているのか、あるいは、実生活を歪曲した状態の中にいるのかどうか、について自身では理解することができないものである、とザモラは説明した。）

(10)　State v. Bundy, No. 54793 (Cir. Ct. Leon Co.), aff'd without op., 362 So. 2d 1051 (Fla. 1978)（ブンディは、全国的な注目を集めたセンセーショナルな謀殺の事件において、自ら代弁者を務めることを強く主張した。）

(11)　Chandler v. Florida, 449 U.S. 560.

一九七五年に、ワシントン・ポストの所有するテレビ会社が、裁判の運営に関する定めのフロリダ州の綱領の3A(7)の変更を求めて同州の最高裁判所に申立てを行った。当時、同州の綱領の3A(7)は、アメリカ法律家協会の綱領の3A(7)と同じであった。裁判所は、会社の申し出た新しい綱領を受け入れなかった。しかし、その要求を評価することは認めた。一九七六年の六月に、裁判所は、民事裁判の一件と刑事裁判の一件とをテレビによって放送することを含む、一つの特定の裁判所における、場所をセットした形における実験を承認することにした。[12] その実験においては、① 関係者全員の同意を必要とすることと、② 特定のガイドラインにしたがうことを条件とするほか、③ スチールのカメラによる報道をも含めることにしていた。しかしながら、実験を広げようとする裁判所の姿勢にもかかわらず、当事者のすべての同意を得ることは不可能であった。また、実験の終了日が来てしまった。けれども、同州の最高裁判所は、終了日の数日後にあたる一九七七年の四月七日に、選ばれた同州の特定の裁判所において、一年間、実験的な試みを行うことを明らかにしたのである。そのためのレッスンを受けたことによって、裁判所は、裁判の関係者の同意を得る必要はなかった。

（12） See Post-Newsweek, 370 So. 2d 747.

一年間の実験的な試みの後に、メディアの報道を許すために、フロリダ州の裁判所は、同州の綱領の3A(7)を改正したのである。[13] エレクトロニクスによる報道を通して、裁判制度に対する国民一般の理解と関心が高められてゆくことを裁判所は認めるに至った。綱領は、前出の九七頁のように定められた。

かくして、一九七九年の五月一日に、フロリダ州は、公判と上訴の両裁判所における恒久的な基準にもとづいたエレクトロニクスと写真のメディアを認めることになった。また、報道は、裁判長の権限に委ねられた。同時に、裁判所から行動とテクノロジーの基準が明らかにされたのである。[15]

（13） Id.

（14） Canon 3A(7), Florida Code of Judicial Conduct, Fla. Stat. (1981).

（15） Post-Newsweek, 370 So. 2d at 792 (app. 3).

二　報道の範囲

フロリダ州においては、すべての公開の訴訟手続に関する報道を許すようにしている。しかし、法の下で適切である場合には、訴訟手続をカメラに収めるにあたり、裁判官の権限を妨害してはならない、とルールは定める。訴訟手続においては関係者の同意は必要とされない。弁護人と依頼人の間ならびに共同弁護人の間の裁判所内における協議、また、裁判官席における協議などをオーディオ・ピックアップしたり、あるいは、放送したりなどすることは禁止される[16]。フロリダ州の新しい綱領の3A(7)は、特定の裁判における訴訟手続を受けもつ裁判長だけが報道を制限する権限を有する、と定める。裁判官は、公正な裁判を受ける被告人の最も重要な権利に対して有害な結果をもたらすようになるかもしれないと考えるときには、いつでも、報道を禁止したり、また、中止したりすることができる[17]。

(16)　Standards of Conduct and Technology Governing Electronic Media and Still Photography Coverage of Judicial Proceedings, Code of Judicial Conduct, Florida Rules of Court, Fla. Stat. (1981).

(17)　Canon 3A(7), Fla. Code of Judicial Conduct.

三　設備と人員

フロリダ州における公判裁判所においては、一人の人間が操作する一台の携帯用のテレビ・カメラのみが認められる。[18] なお、上訴裁判所においては、二台のカメラが許される。カメラは、16ミリのサウンドまたはビデオ・テープの電子カメラで「自動防音したもの」と明記されることになる。公判と上訴の両裁判所においては、一人のスチール写真家のみが写真を撮ることを認められる。かれは、二台のカメラのみを使用し、それぞれのカメラについては二つのレンズだけをもつことができる。[19]

ラジオの放送に関しては、シングル・オーディオ・システムのみが許される。どこにおいても、できる限り現行の裁判所の制度に合わせるようにしなければならない。そのような制度が存在しないところにおいては、メディアの設置するマイクロホンや配線などは控え目な形にすることを要する。裁判所の施設があるところにおいては、設置は、巡回裁判所または地方裁判所の首席裁判官が決めた場所に前もって行うようにしなければならない。[20]

(18)　Id. at Standards, 1.
(19)　Id.
(20)　Id. at 1 (c).

音や光が乱れるような設備をしてはならない。カメラは不自然な光を用いてはならない。しかしながら、首席裁判官の了解を得て、メディアの費用でもって、裁判所の施設の中に設置された光を変えたり、また、追加したりなどすることはできる。フロリダ州の規準は、許される設備に関しての幅広いリストを含む[21]。

首席裁判官は、法廷内におけるメディアの設備の位置を明確に示すことになる。カメラ以外のものでテレビの取扱いの際に使用されるすべての設備は据えつけられなければならないし、また、その実施にあたっては、遠方の地域においてもその効果を表すようにしなければならない。設備と人員は、訴訟手続が開始される前までに配置されていることを要する。また、休廷や延期のあるまでは移動させることはできない。テレビジョン・フィルム・マガジンとスチール・カメラのフィルムやレンズは、休廷の間だけ法廷において換えることができる[22]。人は、指定された場所の決められた位置に着かなければならない。また、より良い眺望を求めて、あちこち多く動きまわることは許されない。ひとたびその位置が決まったならば、人の注意をひきつけないような方法でもって行動しなければならない。

(21)　Id. at Schedule A.
(22)　Id. at 3.

四　協　定

協定の取決めはメディアの唯一の責任である。裁判官は争いの解決をしない。メディアが解決することができない争いが起るときには、裁判長は、異議を申し立てるすべてのメディアの人々を訴訟手続から排除しなければならない。[23] この協定の合意は、ブンディ事件[24]において利用された。

(23) Id. at 1 (d).
(24) See supra note, at 10.

協定の合意

協定の合意は、つぎのようになる。
1　この合意は、事件番号第七八―六七〇号、フロリダ州のレオン郡において、また、同郡のために、第二巡回裁判区のフロリダ州対セオドア・ロバート・ブンディ事件の裁判に関するスチール写真とテレビジョンによる報道のための規準となる。
2　この合意の写しは、フロリダ州の報道関係者協会、放送関係者協会、それに、主要新聞の記者団のすべての人々に郵送せられる。

3　この合意の文書は、公判裁判所の裁判長と第二巡回裁判区の首席裁判官に提出される。

4　この合意の目的は、一九七九年四月一二日の、事件番号第四六、八三五号のフロリダ州のポスト・ニューズウィーク・ステーション社の申立ての件について、同州の最高裁判所の決定を実施することにある。

5　協定委員会は、左のそれぞれの代表者でもって構成される。

①　連合通信社（AP）
②　合同国際通信社（UPI）
③　タラハシー・デモクラート
④　WFSU＝TV
⑤　裁判を扱うコマーシャル・ラジオとテレビジョン・ステーション
⑥　裁判を扱うフロリダ州の日刊新聞
⑦　裁判を扱うほかの州のメディア

協定による報道の部分についての争いに対しては決着をつける責任を負うことになる。また、報道をコーディネートする人を委員会は選ぶことができる。

6　スチール写真による報道

①　法廷内において撮影されるすべての写真は、協定による写真とみなされる。

②　協定による写真家としての資格を得るためには、レオン郡の執行官から発行される出版関係資格証明書を所持するようにしなければならない。また、最高裁判所のガイドラインによって法的権限を与えられることになる二つの35ミリカメラ・ボディ、ならびに、少なくとも、三個のレンズは所有しなければならない。なお、レンズのうちの一個は100ミリの範囲内のもの、また、他の一個は200ミリの範囲内のものとなる。レンズは、すべて、最大限、少なくとも、f/4の口径をもたなければならない。

③　ボディのうちの一つは、最小限、一六〇〇ASAによって写真を撮るために、Tri―Xの白黒フィルムを装塡することになる。また、ボディのうちの一つは、タイプB・エクタクロム・カラー・スライド写真フィルムを装塡することになる。

④　すべての白黒フィルムは、露出後、できる限り速やかに、連合通信社（AP）か合同国際通信社（UPI）のオフィスで処理をする。

⑤　すべてのカラー・フィルムは、露出後、できる限り速やかに、タラハシー・デモクラート社で処理されるようにする。

⑥処理後、フィルムは、翌日の正午までは、資格を与えられた写真家の使用のために、処理された場所に留め置かれる。その際には、撮影をした写真家が、選定のための仕事を行う。

⑦処理される場所に留め置かれている時間内に、白黒のフィルムは、そこで、資格を与えられた写真家によって焼きつけられる。カラー・フィルムは、つぎに利用されるカラーの掲載に向けて、スライド写真一枚につき10ドルの費用をもって、タラハシー・デモクラート社において複写される。

⑧協定によるフィルムと施設を利用する写真家は、協定に従って、フィルムとその他の供給物を寄贈することを促される。

⑨AP、UPI、タラハシー・デモクラート、州内の大部分の日刊新聞、協定委員会の選定する大部分の全国向けの雑誌の代表者は、写真委員会を構成することになる。また、写真による報道のための協定委員会に対して責任を負う。

⑩写真家が協定による写真家になることの依頼を受けることになる裁判日のために、写真委員会は、その日のために協定にもとづく写真家を選ぶ。協定による写真家に依頼をするときには、まず初めに、依頼日の前の週の木曜日の正午までに、写真委員会に対してそのことを申し出る。委員会は、金曜日の正午までに、翌週のために、協定

による写真家の名簿を発表する。選ばれた協定による写真家は、選ばれた日における訴訟手続のすべての報道を提出する責任を負うことになる。認可を受けた他の写真家の依頼にもとづいて、かれは、裁判日の中のある部分の仕事をしないようにすることができる。このような代りの通知は、スチール写真を撮る場所の最も近くにある法廷の扉にいる看守に直ちに行う。

7　テレビジョンによる報道

①　オーディオを含め、連続したテレビジョンによる報道は、タラハシーのWFSU＝TVのチャンネル11によって裁判の全期間にわたって与えられる。これ以外のテレビジョンや映画フィルム用のカメラは認められない。

②　オーディオとビデオの映像信号は、裁判所の建物に隣接するルイス州立銀行ビルディングの八階に送られる。信号は、ここで、認可を受けたメディアによって、レコーディングやそれ以上の送信のために利用される。

③　前記の映像信号のレコーディングは、他のメディアのためにWFSU＝TVによって利用されるようなことはない。レコーディングは、「生放送《なま》」で行わなければならない。

④　六〇〇オーム、XLRタイプ・プラグのオーディオ用のライン・レベルの出力は、

供給をとらえるために利用される。BNC＝コネクターは、ビデオの出力を与える。

8　協定委員会への連絡や苦情の申立てのすべては、フロリダ州、三二六〇一、タラハシー、デュバル・ストリート三〇六番、フロリダ州プレス・センター、フロリダ州プレス協会の事務所に対して行われる。また、ブンディ事件における裁判の協定委員会にも送られる。

9　この合意に関するすべての情報は、裁判中、フロリダ州のプレス・センターとルイス州立銀行ビルディングの八階に伝えられる。

氏　名 ＿＿＿＿＿＿

所属団体 ＿＿＿＿＿＿

住　所 ＿＿＿＿＿＿

電話番号 ＿＿＿＿＿＿

五　使用上の制限

メディアによる報道の作品は、報じられた裁判手続やその後のまたは副次的な裁判手続においての再審理あるいは上訴に関しての証拠の中に含めることはできない。なお、高等裁判所が使用の制限について再考し、また、上訴での再検討の目的のために資料の使用を考えるようにすることをザモラ事件において裁判長を務めたポール・ベーカー裁判官が示唆した点は注目に値する。同裁判官は、つぎのように述べていたのである。「焼きつけられたレコードのままでは声の抑揚や顔の表情や証人の態度や公判の裁判官の振舞や弁護人の行動などを理解させることはできない。このパイロット・プログラムを終るにあたり、上訴での再検討のために、最高裁判所がフィルムやビデオテープやスチール写真やオーディオの再生などについての使用の禁止を再評価するようにすることを勧めるものである。[(25)]」

(25)　Report, A Sample Survey of the Attitudes of Individuals Associated with Trials Involving Electronic Media and Still Photography Coverage in Selected Florida Courts Between July 5, 1977 and June 30, 1978, at 21.

第三節　メリーランド州の電子メディアによる報道の規準

一　概　説

メリーランド州におけるメディアの試みは、フロリダ州におけるメディアのそれと同じように、大多数のメディアの会社によって開始されることになった。一九七九年の九月二五日に、ハースト社の一部局は、同州の司法倫理に関する定めの綱領ＸＸＸⅣの改正を求めて上訴裁判所に申立書を提出した。[26] しかし、裁判所は、同州の裁判協議会に関する公衆の自覚委員会からの報告を受けるまでは問題を未定のままにしておくことを命じた。なお、州裁判協議会は、公判と上訴の全裁判官によって組織された専門職の団体である。委員会は、ハースト社の申立ての前に、若干の間、メディアの問題を検討していた。

(26) Report on the Proposed Modification of the Maryland Canons of Judicial Ethics to Permit Extended Coverage of Court Proceedings, The Public Awareness Committee of the Maryland Judicial Conference.（以下において、Maryland Report として引用する。）

一九八〇年の四月二九日に、委員会は、同州の上訴裁判所に報告書を提出した。[27] 問題を検討した後に、意見が分れた裁判所は、同年の一一月一〇日に、エレクトロニクスによる報道の試みを認める旨の命令を出すことにした。[28] 七人の裁判官のうちの二人は命令書に署名することを拒んだ。しかし、他の人々は、ラジオはすべての裁判所において放送することができるが、テレビは上訴裁判所においてだけ扱うことができる、という理解の下においてのみ署名したのである。上訴裁判所は、つぎのように命令した。

「綱領のＸＸⅣとメリーランド州ルール一二三一の司法倫理規則の11は、法廷におけるスチール・カメラ、テレビジョン・カメラ、サウンド・ピックアップ、それに、レコーディングの装置の使用を禁止しているけれども、公判と上訴の両裁判所における訴訟手続について広範囲にわたるメディアによる報道を試みるために、一九八一年の一月一日に開始され一九八二年の六月三〇日をもって終了する一八ヵ月の間、オーハン裁判所の裁判官を除いたすべての裁判官については、未決定のまま置くこととする。[29]」

(27) Maryland Report, supra note 26.
(28) 7 Md. Reg. 24 (Nov. 28, 1980).
(29) Id.

裁判所は、また、停止期間中の報道を管理するために規則の一二〇九[30]を採用した。停止以前においては、州はエレクトロニクスによる報道については、かなりの制限を加えていた。大多数の州のルールがそうであったように、綱領ＸＸⅣも、法廷においては厳密な意味における荘重さを保たなければならないことや、開廷の期間中または休廷の折に裁判所における訴訟手続を写真に撮ったり、また、ラジオやテレビによって放送したりなどすることは禁止しなければならない旨を規定したのである。さらに、大多数の州のルールと同様に、綱領は、荘重さについての考えや動揺を与えることや一般の人々にもたらす誤解などを重くみた。しかしながら、メリーランド州の司法倫理規則の11[31]においては制限的な姿勢がとられている。つぎのように定めていた。

メリーランド州の司法倫理規則の11
「(a)裁判所における訴訟手続の間、休廷中、または、訴訟手続の前後に、法廷あるいは隣接する廊下や執務室において、写真を撮ったり、映画を作成したり、ラジオやテレビの放送をしたり、送信したり、または、レコーディングしたりなどすることを裁判官は認めない。[32]」

この言葉づかいは、連邦の刑事訴訟規則の53においてみられるものと類似しているのである。しかし、大多数の州の規則の中には含まれていない。とはいえ、綱領のXXXⅣと倫理規則の11は、裁判所の威信が保たれる限りにおいては、裁判官が叙任式や儀式や帰化などの手続をエレクトロニクスによって報道するのを許すことについては認めるようにしてきていた。

メリーランド州のエレクトロニクスによる報道の試みがうまく行ったことに関しては立証されてはいない。上訴裁判所が命令を出すことにした後の一九八〇年の一一月一一日に、巡回裁判所の裁判官の息子で、同州の下院議院の議員であるスチーブン・K・スクラーは、究極のところは刑法典の中に組み入れられることになる法案を提出した。[33] この中においては、「この州の公判裁判所における刑事事件の裁判手続に関する広範囲におよぶ報道[34]は禁止されると定められているのである。[35]

(30) Rule 1209, Md. Cts. & Jud. Proc. Code Ann. (1981 Supp.).
(31) Id. at Rule 1231, Ethics Rule 11 (1976).
(32) Id.（強調が加えられた）。
(33) Md. Ann. Code art. 27, § 467 B (1981 Supp.).
(34) Id. at § 467 B (a) (1).
(35) Id. at § 467 B (3) (b).

メディアに反対する者は、明らかに、はじめから実験的な試みを抑える態度に出た。なお、スクラー法案は、裁判所のメディア・プロジェクトに関して出された唯一の法案ではなかった。一九八一年の一月から三月までのメリーランド州の議会の会期中には三つの法案が提出された。しかし、これらは、報道を短縮したり、また、禁止したりする内容となっている。一九八一年六月一日に法律となる制限的な立法の以前においては、報道の許可を求めて、メディアの組織は、およそ二五におよぶ要求を行った。このうち、四つの要求のみが受け入れられたのである。一九八一年の六月一日以降は、要求は存在しない[36]。公判裁判所における刑事事件についての訴訟手続においては報道の禁止がみられる。一方、民事事件の場合においては、関係者の同意が必要とされる。右のような事情にあったために、メディアが最も追い求めそうな傾向のみられた事件に関しては、報道は、利用できなかったり、また、妨げられていたのである。

(36)　(一九八一年九月四日の)メリーランド州のアナポリスにある裁判所の管理事務所において広範囲にわたるメディア・コーディネータを務めるデボラ・ユニィタスに対するインタビュー。

二　報道の範囲

報道の禁止を一時停止していた間に実施され、しかも、以前に論議された法律上の縮小を受けていた規則の一二〇九は、規則によって制限された場合を除いて、公判と上訴におけるすべての訴訟手続についてのエレクトロニクスによる報道を許すようにした。[37] メリーランド州においては、メディアは、訴訟手続を取材するにあたっては許可を得るようにしなければならない。そのための要求は、少なくとも、手続の五日前に裁判所の書記官に対して文書の形で行うことを要する。[38]

関係者全員の文書による同意を必要とするほか、行政機関が当事者である場合を除いては記録に記載するようにしなければならない。ひとたび同意が得られたならば、それを撤回することはできない。しかしながら、当事者は、報道の終了や制限などを申し出ることはできる。上訴裁判所においては同意は必要とされない。[39]

(37) Rule 1209, Md. Cts. & Jud. Proc. Code Ann.
(38) Id. at Rule 1209 (c) (1).
(39) Id. at Rule 1209 (d).

規則の一二〇九は、報道に関しての若干の制限を明記する。大陪審の手続に関与することになった人々は、法廷またはその周辺においてメディアの対象となることを禁じられる。犯罪の被害者は、証言を行っているときには、報道を制限したり、また、これを締め出したりなどすることを要求できる。不公正や当惑や危険などのほか、法の執行の際における妨害についても、合理的な見込みのあることを知るならば、裁判官は、自ら進んで、あるいは、当事者や証人や陪審員などの要求にもとづいて、報道についての制限や禁止を行うことができる広い自由裁量権をもつことになる。また、情報の提供者、秘密の情報の収集者、新しい場所に移った証人、未成年者、公表を伴わないヒヤリングを受ける証人、家庭問題に関係した証人などからの報道についての制限の要求に対しては、また、企業秘密を含む事件の場合においては、裁判所は、正当であると考えられる理由を示さなければならない。さらに、裁判官席や弁護人のテーブルにおける協議についてのオーディオの報道は許されない。このほか、一般の人々に対しては閉ざされるようになった訴訟手続の場合においては、メディアの報道にさらされるようなことはない。許可の得られたメディアの報道は裁判官の面前において行うようにしなければならない(40)。

(40)　Id. at Rule 1209 (e).

三　設備と人員

設備についての最初の制限は、メディアによる報道を必要とする場合を除いて、法廷または隣接する廊下において、メディアの設備に関するものを所持させないようにすることである。[41] したがって、何人も、カメラやレコーディングなどの装備品を所持しながらメリーランド州の裁判所の庁舎内を歩き回ることはできない。また、裁判所が有する侮辱に対する伝統的な力は、刑事事件の裁判手続における禁止事項の違反に対しては、侮辱についての訴訟を認める最近の法律の規定を含めることで広がりをみせるようになるのである。[42]

規則の一二〇九は、メディアの設備と人員については、公判の裁判所においては一台の携帯用のテレビ・カメラと一人のオペレーターに、また、上訴の裁判所においては二台のカメラと二人のオペレーターに制限する。カメラは、両者ともに、(自動防音式の)16ミリのサウンド・フィルムまたはビデオテープのエレクトロニクスによるカメラでなければならない。一人のスチール写真家のみであるならば、二台以上のカメラをもたないことを条件に、公判と上訴の両裁判所に出席することができる。写真家は、一台のカメラについて、レンズは二個に制限される。また、設備に関しては、裁判長の承諾を得ることを要する。[43]

(41) Id. at Rule 1209 (b) (3).
(42) Md. Code Ann. art. 27, § 467 B (d).

(43) Rule 1209, Md. Cts. & Jud. Proc. Code Ann.

ラジオによる放送に関しては、いずれの裁判所においても、一つのオーディオ・システムのみを行うことができる。技術的に可能であるならば、メディアは現行の裁判所の制度に合せるようにしなければならない。もしも、合せるようにすることができない場合には、裁判官は、配線やマイクロホンの位置をはっきり指示するようにしながら、最も目立たない方法でもって適切なシステムを設けるようにしなければならない。裁判官席や弁護人のテーブルにあるマイクロホンは、カット・オフ・スイッチを備えていることを要する。また、指向性のマイクロホンは、テレビジョンやフィルム・カメラに据えつけることができるが、パラボラ式のマイクロホンには許されない(44)。

設備に関しては、音や光について乱れを生じさせるようにしてはならない。また、不自然な光を用いるようにさせることもできない。フィルム・ムービー・カメラやビデオテープ・カメラやレコーダーは、広範囲におよぶスケジュールのリストに記載されたものを逸脱しない正しい基準を満たしていることを要する。スチール・カメラを使用する場合には不自然な光を使用してはならない。少なくとも、35ミリ・ライカ「M」シリーズ・レンジファインダー・カメラと同じぐらいの静かなものでなければならない。メディアの関係者は、裁判官に対して設備の適切であることを説明する責任を負う。この説明を怠るときには、使用することができなくなる。[45]

（44）　Id. at Rule 1209 (f) (3).
（45）　Id. at Rule 1209 (f) (5-7).

フロリダ州の場合と同じように、カメラに対しては、設備自体から、規定された以上の光を与えることはできない。もっとも、光に関する現行のシステムの変更は、設置のための費用をメディアが負担するならば、裁判官によって認められることがあり得る。[46]

設備と人員のすべては、法廷の柵の外に位置することになる。もしも、柵が設けられていないときには、裁判官は、その位置を指定することができる。可能であるならば、送信についての設備は、法廷の外に置くようにしなければならない。スチール写真を撮る人は、所定の位置が決まっていない場合における指定された場所か、または、傍聴人席の最後部席の後ろか、あるいは、通路に、その位置をとるようにしなければならない。カメラのオペレーターは、動き回ってはならないし、また、人の注意をひきつけるような場所を占領しないように心掛ける必要がある。訴訟手続が行われている間に、メディアの設備にかかわるものを据えつけるようにしたり、また、これを法廷の外に移動させたりすることは許されない。フィルム・マガジンやフィルムあるいはカメラ・レンズなどは、休廷の間だけ換えることができる。(47)

(46)　Id. at Rule 1209 (f) (12).

(47)　Id. at Rule 1209 (f) (8–11).

四　協　定

メリーランド州とフロリダ州の二つの州においては、メディアに対して協定を取り決めるようにすることを求めている。裁判官は、争いごとの解決をしないのである。争う当事者は、訴訟手続から締め出される。(48)

(48)　Id at Rule 1209 (f) (4).

五　使用上の制限

メリーランド州の規則は、フロリダ州やウェスト・バージニア州などと異なって、訴訟手続中に得られたメディアの資料の使用方法については、なんらの取組みも行っていない。しかし、この点については、メリーランド州は、おそらく、他の州と同じような使用上の制限を設けることになろう、とみられている。(49)

(49)　See Larry V. Starcher, Cameras in the Courts, 84 West Virginia L. Rev. 267, 288 (1982).

第四節　ウェスト・バージニア州の電子メディアによる報道の規準

一　実験的な試み

エレクトロニクスによる報道の規準は、一挙にできるものではない。各州においては、これまでみてきたように、さまざまな努力を積み重ねてきている。その努力の一例として、ウェスト・バージニア州における実験的な試みを紹介することにしよう。

一九八一年の五月七日に、ウェスト・バージニア州の最高上訴裁判所は、ラジオやテレビやスチール写真などのエレクトロニクスにかかわるメディアを訴訟手続において利用することのできる権利を認める恒久的なルールを採用することに踏み切った。今日では、同州の裁判所は、法廷におけるカメラに関するこの一般的なルールを適用しながら、最高上訴裁判所だけではなく、すべての下級裁判所や巡回裁判所においても、エレクトロニクスによる報道を許すようにしている。カメラによる報道のルールの公表後、最高上訴裁判所は、そのルールの見直しをも行っているのである。

ルール作りのはじまりは、一九七六年にさかのぼる。この年、ウェスト・バージニア大学の学生レポーターのウェイン・スカーベリーは、法廷内で着席していた刑事被告人とかれの弁護人の姿を裁判所の庁舎内の廊下から写真に撮ったのである。その写真は、学校新聞と州内の新聞に掲載された。そのため、巡回裁判所の裁判官は、この学生写真家に対して侮辱罪の成立を認め、郡刑務所に三日間服役することの刑を言い渡した。(50)

(50)　Misd. No. 8486 (Monongalia Co. Cir. Ct. 1976).

右の事件と新しい裁判官が選任されたことにより、ウェスト・バージニア大学においてジャーナリズムを専攻していたウィリアム・O・セイマー教授は、同州におけるメディア突破作戦の展開を追求しはじめることになった。教授とメディアの関係者は、一九七七年に、モノンガリア郡の裁判官とメディアの設備についてのデモンストレーションにかかわりあった人々を仲間に加えることができたのである。

モノンガリア郡におけるメディア・デモンストレーション・プロジェクトの着想が、一九七八年に、同州の最高上訴裁判所に提出されて、これが認められた。それにより、裁判所とメディアの合同委員会は、実施されることになるガイドラインの発展に務めることになった。その当時、首席裁判官であったフレッド・L・カプランは、一九七八年の一一月一四日に、デモンストレーション・プロジェクトを正式に承認したのである。カメラによる報道は、一九七九年の一月一日からモノンガリア郡の法廷において開始されることになり、一年間つづけられた。なお、裁判所は、デモンストレーションを、特別に一年間延長することにした。

プロジェクトにもとづいた最初の合法的なスナップ写真は、一九七九年の一月二二日に撮られた。この写真は、メリーランド州の警察官を殺害したことによって裁判を受けていた者の引渡しの審理に関係していたために、広く公表されることになった。写真は、ウェスト・バージニア州とメリーランド州の双方の州の新聞に掲載されたのである。

スチール写真とテレビ・カメラは、一九七九年から一九八〇年にかけて、モノンガリア郡の裁判所の庁舎から審理の模様を伝えるために使用せられた。また、法廷の内部を報道するために、ラジオの放送局はオーディオ中継網を利用することにしていた。公判裁判所の関係者の観測においては、もともと、かなりの限定を加えるようにしていたために疑問の生ずる余地は起らなかった。そのため、メディアの設備の使用についての反対と動揺とを最小限に抑えることができたのである。なお、実験の期間中、テレビとラジオによって扱われた民事と刑事の裁判に関する調査においてはマイナスの効果は示されなかった。

二　報道の規準についての概説

既に明らかにしたように、ウェスト・バージニア州の最高上訴裁判所は、一九八一年五月七日の管理運営会議において、下級裁判所や公判裁判所や上訴裁判所などの州内におけるすべての裁判所において恒久的なエレクトロニクスによる報道を許す旨の規則を採用したのである。州の裁判所の制度の管理にあたっては、憲法上の権限の下において処理されることになった(51)。裁判所が採用した規則は、モノンガリア郡における二年間の報道についての実験的な試みの際に利用したそれと似ている。一九八一年の五月以降、裁判所は、規則を僅かばかり手直しした。このほか、上訴審における論争に関する報道にかかわる協定にもとづく合意についても検討した。

他の州における裁判所の場合と異なって、州の最高上訴裁判所は、州の綱領の3A(7)を変更してはいない(52)。それは、今日でも、一九七二年にアメリカ法律家協会が採用した綱領と同様になっている。しかし、裁判所が、綱領の3A(7)をエレクトロニクスによる報道を扱う新しいルールに順応させることが期待されるに至った。

(51)　W. Va. Const. art. 8, § 3.
(52)　Canon 3A(7), Code of Judicial Ethics, W. Va. Code (1978 Repl. Vol.).

三　報道の主題[53]

裁判所のエレクトロニクスとスチールによるカメラの報道を管理するウェスト・バージニア州のルールのさまざまな側面に注意を向け、それの解説をみてゆくことにする。

> **1**　カメラによる報道は、一般の人々に対して公開されている訴訟手続に限られる。この訴訟手続においては、弁護人＝依頼人の特権および弁護人による有効な援助の権利を保護するために、弁護人とその依頼人との間、弁護人相互間、依頼人相互間、裁判官が裁判席において会談を求めるときにおける弁護人や依頼人や裁判官との間または中などで行われる協議に関しては、オーディオ・ピックアップや放送は認められない。

〔**解　説**〕現在のところ、一般の人々に公開されているすべての裁判上の訴訟手続は、公判の裁判官が、そのような「報道は裁判の運営を妨げることになる」との判断を示さなければ、エレクトロニクスによる報道のルールにしたがうことになる。[54]このルールは、エレクトロニクスによる報道を用いないカメラでの訴訟手続の中で許されることになる、と解釈されなければならない。この規定は、裁判官側と弁護人側のテーブル会談に関する大多数の州におけるそれと一致する。

フロリダ州とは同じで、また、メリーランド州とは異なるけれども、当事者の同意は、以下で規定されるように、異議が唱えられることがあったとしても、必要とされないのである。

2　訴訟手続に先立って行われた要求にもとづいて、裁判所は、特定の事件についての報道を許すかどうかの決定を下すのである。当事者や証人や弁護人は、ある部分の訴訟手続についての報道に異議を唱えることができる。この種の異議の申立てに裁判官は裁きをつけることになる。訴訟手続が開始された後においては、裁判官は、報道が裁判の妨げになるものと考えるときには、手続のある部分またはその残りの部分についての報道を終らせることになる。

〔**解説**〕　訴訟手続に先立って要求を行わなければならないメディアの義務に関して、モンガリア郡の実験的な試みを管理してきたルールからの出発点を、この項目は、はっきり指摘する。このような規定をフロリダ州においてはもたないが、メリーランド州においてはもつ。実際問題として、ルールは、さまざまな問題をひき起す。訴訟手続に先立つ、少なくとも五日前に申し立てることを規定しているメリーランド州のルールと異なり、時間の制限については明記されていない。このような要件は、メディアを困らせることになる。なぜならば、謀殺の嫌疑のために逮捕された人のアレインメント（罪状認否手続）のような「破壊的なニュース」を、プレスは、しばしば、取り扱わなければならないからである。刑事の公判前の手続問題を報道しなければならないかどうかの点を検討しないとすると、五日というメリーランド州の規定が、最も望まれた報道の、ある部分を有効に排除することができるのは明らか、といえる。けれども、ウェスト・バージニア州のルールは、それほど制限的なものにはなっていない。通知は、おそらく、裁判官室に電話連絡すれば、それで成立することになる。

ほかの問題としては、報道を許すかどうかに関して、裁判官がどのような裁定を下すのか、という問題がある。それは、また、電話による要求に対しては、恐らく、口頭での返答になるかもしれない。より好ましい方法は、メディアによる報道の要求が行われた訴訟手続が開始されたときに、裁判所が、要求に対する裁判所の決定とそれの理由とを裁判に関する記録の中に明記しておくことである。それで、もしも、裁判官が、その要求を聞き入れるのであれば、かれは、当事者、証人または弁護人のうちのいずれがそれに反対するのか、また、その際に、反対に関しての裁定を下す必要があるのかどうかについて、かれらに尋ねてみなければならない。

法廷の荘重さをコントロールしたり、また、維持したりなどすること、ならびに、すべての当事者に公平で公正な訴訟手続を保証することについての裁判官の幅広い自由裁量権は、この規定の中の最後の文の中で与えられる。その表現方法は異なるけれども、ルールは、裁判官に対して、コロラド州のしっかりした言葉づかいと同じような権限を与える。幅広い自由裁量権の授与に加えて、メリーランド州のルールは、報道を許可しないようにすることを裁判官に促すことになる若干の特有の場合をリストに掲載している。(55)

3　下級裁判所の法廷における報道は、ガイドラインにしたがいながら、事件に関与した下級裁判所の裁判官とその巡回裁判区の首席裁判官との意見の一致によって、あるいは、首席裁判官の不在の場合には、巡回裁判区の裁判官によって決定される。

〔解　説〕　恒久的なルールは、下級裁判所の裁判官の法廷を包み込むことになる。けれども、モノンガリア郡における実験的な試みについてのルールは、そうではなかった。下級裁判所の裁判官を監督する立場にある裁判官は、報道の要求のあることをあらかじめ見越して、その下級裁判所の裁判官とともに、ルールの実施を予定しておかなければならないのである。さらに、「公判前の問題」がある。地方のメディアのカメラマンが、確実なアレインメント手続を報道したいと願うことは非常にありそうなことといえる。ある点では、このような特別の報道の妥当性については取り組む必要がある、といえるかもしれない。

コロラド州においては、もはや、治安判事も、また、非法律家から任命されるパート・タイムの補助裁判官も存在しない。同様のことは、フロリダ州やメリーランド州においてもあてはまる。しかしながら、コロラド州とフロリダ州の郡の裁判所およびメリーランド州の地方裁判所の場合においては、その職務の中に、治安判事のそれを含めることにしている。それぞれの場合に、これらの裁判所は、一般的な裁判権の中の特定の州の裁判所と同じようなメディアのルールにしたがうことになるのである。

（53）See Starcher, supra note 49, at 289–91.
（54）General Rules for Cameras in Courtrooms, Rule I (B).
（55）Rule 1209 (e), Md. Cts. & Jud. Proc. Code Ann.

四　設備と人員(56)

1　一人だけが操作する、一個だけの携帯用のテレビジョン・カメラ（フィルム・カメラ――16ミリの（自動防音した）フィルム・サウンド、または、ビデオテープのエレクトロニクスによるカメラ）は、どのような訴訟手続の場合においても許される。

2　一台のカメラについて二個までのレンズとプリント用の目的のための必要な設備をもちながら、それぞれが二台までのスチール・カメラを使用する二人までのスチール写真家は、どのような訴訟手続においても許される。また、テレビジョンのカメラがあるときには、スチール写真家は、一人だけ加わることができる。

〔解説〕　ルールの**1**は、フロリダ州とメリーランド州におけるルールと一致する。しかしながら、ウェスト・バージニア州においては、他の二つの州がもっているのと同じようなルールの付属物としての受け入れることのできる設備についての項目数の多いリストを用意していない。

ルールの**2**の言葉遣いは、実験的な試みについてのモノンガリア郡のルールからの、また、一九八一年五月七日に採択されたルールからの、さらには、フロリダ州やメリーランド州のルールからの、一つの変更を示すことになる。一九八一年五月二八日に改正されたこの規定は、今日においては、テレビジョンのメディアに関係する人がいないことを条件に、二人のスチール写真家を認めるようにしている。それでも、なお、最大限二人の者が必要であることが認められたにしても、しかし、その目的が、最小限の気持ちの動揺をひき起さざるを得ないとするならば、そのときには、このことについての協定にもとづく使用を無理矢理守らせるようにしながら、一人でもって仕事を行うように写真家の数を調整するようにするのが本筋といえる。

> **3**　ラジオによる放送の目的のための一つだけのオーディオ・システムは、どのような訴訟手続においても許される。ラジオやテレビジョンを含む、すべての目的のためのオーディオ・ピックアップは、裁判所の施設内にある既存のオーディオ・システムで行われる。技術的にみて適切なオーディオ・システムが施設内にない場合には、マイクロホンおよびこれと不可欠な関係にある配線は、目立たないようにするほか、施設をもつ巡回裁判区の首席裁判官が訴訟手続の開始前に指定した場所に設置することになる。

〔**解　説**〕　オーディオ・ピックアップについてのウェスト・バージニア州のルールは、単一の制度に限ることにし、できれば、現存の裁判所制度を利用するようにしなければならないとするフロリダ州やメリーランド州のそれと極めてよく似ている。制度を増す必要のあるときには、裁判官は、位置や場所の確定については、完全なコントロールを有する。メリーランド州のルールは、テレビ・カメラに指向性のマイクロホンは取り付けることができるが、パラボラ式のマイクロホンの取付けは許されない、と明記する。これに加えて、メリーランド州においては、裁判官席と弁護人のテーブルにあるマイクロホンにはカット・オフのスイッチを備えつけなければならない、とルールには定められている。この点、ウェスト・バージニア州のルールにおいては、技術的には要求されていないけれども、オーディオ・ピックアップ・システムの設置を監督する裁判官は、こういった特色のある事柄については要求するようにしなければならないのである。もしも、そうでないとするならば、手が必要なものとしてマイクロホンの上に置かれていないとすれば、オーディオ・ピックアップは、裁判官側と弁護人との協議内容の中に加えられる。理論的には、このことは、裁判官側の協議についての生《なま》放送につながることができるのである。ただ、このような潜在的な問題を解決するについての負担は、メディア側にあって、裁判所にはない。メディアの目的のためのマイクロホンは、最小限度を保つようにしなければならない。裁判官席にあるマイクロホンは、有益なものといえるけれども、メディアの目的のための弁護人のテーブルの上にあるマイクロホンについては許すべきではない。この点は、明らかに、現行制度の若干の修正を必要とすることになる。なぜならば、マイクロホンは、しばしば、弁護人のテーブルにおいてみられるからである。裁判官席や証人席、それに、弁護人による証人尋問をとらえるのに十分ふさわしい場所でなければならない。モノンガリア郡における実験的な試みの間、オーディオ・メディアは、一般的に、弁護人による最終弁論をとらえるために、マイクロホンは、陪審席の手すりのところに置かれた。

さらに、また、コロラド州のルールは、明らかに、「設備」には取り組んできてはいない。しかし、裁判官が定める条件の下において、報道を許すために、ただ単に、裁判官に幅広い自由裁量権を与えているにすぎないのである。

4　設備と人員に関する制限を必要としながら、カメラによる報道をもたらそうとする人々の間における協定にもとづく取決めは、報道を認められた特定の訴訟手続においての相応の代表者や設備に関しての争いの仲裁を裁判所に求めるようなことはしないで、これらの人々の独占的な責任とする。設備や人員に関する争いの問題についての、そのような人々による事前の合意が得られない場合には、裁判所は、争う人々を、すべて、訴訟手続から排除することになる。

〔解　説〕　メリーランド州、フロリダ州、それに、ウェスト・バージニア州のそれぞれにおいては、メディアの責任をプールするようにしている。各州のルールは、ほとんど同じである。コロラド州のルールの中においては、このような問題と取り組んでいない事実を明らかにしておきたい。とは言っても、コロラド州のルールは、幅広くできているので、恐らく、そのようにすることを裁判官に許すことになろう。

ウェスト・バージニア州における最初の書面による協定にもとづく合意は、一九八一年に、ウェスト・バージニア州のプレス協会とウェスト・バージニア州の放送協会の協力を得ながら、最高上訴裁判所の裁判所管理運営局によって作成された。

裁判所管理運営局を通してのウェスト・バージニア州の最高上訴裁判所とウェスト・バージニア州のプレス協会ならびにウェスト・バージニア州の放送協会との間における協定にもとづく合意の文言は、つぎのとおりである。

法廷におけるカメラに関するルール

裁判所管理運営局、ウェスト・バージニア州のプレス協会、それに、ウェスト・バージニア州の放送協会によって合意に達した条件。

一九八一年五月十二日

(1)　一つ以上の日刊新聞をもつ郡においては、最高上訴裁判所や巡回裁判区の裁判所のために、法廷におけるカメラを認めることについての規則的な交替をもつ。すなわち、朝刊と夕刊の新聞は、首席裁判官または巡回裁判区の裁判官の自由裁量にもとづいて、交替で報道を与えるようにする。

(2)　新聞と放送のメディアは、プロの写真家を用意しなければならない。

(3)　ガゼットとデーリー・メールの二つのチャールストンの新聞は、連合通信社（AP）と合同国際通信社（UPI）の両者のワイヤ＝フォト（有線写真電送装置またはその写真）のサービスに対して手に入れることのできるフォト＝プリントを作る。そのため、他の町の新聞は、そこから利益を得られるようになる。

(4)　競争関係にあるメディアが、一日に一件以上の事件の報道を求め、また、協定にもとづくカメラマンが選ばれているならば、協定による写真家は、関係者が興味をもつことになるすべての事件を写真に撮らなければならない。このようにしないときには、裁判長は、すべてのメディアを締め出すことのできる権利を行使することがある。

(5)　テレビ・カメラがない場合には、裁判長の自由裁量にもとづいて、二人のプリント・メディアの写真家が認められるようになるかもしれない。しかし、放送関係者は、すべての事件の場合においては、一台のカメラだけに制限される。

(6)　最高裁判所のために、裁判所管理運営局は、多くの要求を受けるようになるときには、協定にもとづく写真家を選定することになる。このような選定は、実際に行うことができる最大の範囲まで、前記のルール(1)の定めにしたがいながら輪番制によることになる。

(7)　同じ事件について、同じ時間に二つの要求を受ける場合には、適切な「サイクル」写真家が、協定にもとづく写真家としての責任を負わされる（すなわち、午後の新聞のために写真家によって報じられた午前の開廷の模様、および、午前の新聞のために写真家によって報じられた午後または夕方の開廷の模様）。このような写真家は、利用することのできる最寄りの暗室の施設を使用したり、あるいは、（ニュースの）通信機関の送信サービスを利用したりなどしながら、迅速な報道をもたらす責任を負う。

(8)　放送の協定にかかわる義務は不変的なものである。したがって、放送局は、順番がきたときには交替しなければならない。また、協定にもとづく利益を受けないようにすることもできる。すべての写真やビデオテープやレコーディングは、協定と関係をもつことになるすべてのラジオやテレビジョンなどのメディアに対しても利用できるようにしなければならない。このことは、当然に行われなければならない義務となる。

(9)　法廷における訴訟手続そのものを報道することについて利害関係がなければ、地方の新聞は、他の町の新聞のために報道を与える義務を負わない。新聞が他の新聞からの課題の要求に応ずる必要がない間に、そのような合意に達するときには、費用の分担の話合いは、メディア自身によって行われなければならない。費用に関する事柄については、裁判所は、とくに裁きをつけない。
(10)　放送のメディアは、また、かれら自身の費用についての分担の話合いをしなければならない。しかし、協定を結んでいる放送局は、協定の中において、放送局が、かれら自身の未使用のビデオテープを提供したり、あるいは、同様のものを返済したりなどすることを主張できる。

幅広いメディアの報道が、当然にあてにすることになる特別の裁判所の施設であるウェスト・バージニア州の最高上訴裁判所において、この合意は、メディアの報道のために、恒久的なルールを公表するようになる。

「合意は、われわれのより大きな地域社会の中の巡回裁判所にとっては、一つの良い手本となることができた。けれども、大多数のウェスト・バージニア州の裁判所にあっては、恒久的な協定にもとづく合意を必要とはしていないのである。それにもかかわらず、たとえ比較的小さな地域社会であったとしても、潜在的に広い公共の利益をもつ特別の問題についての幅広い報道を見越しての協定にもとづく合意の可能性に関しては見逃してはならない、といえる。大多数の裁判官は、はるかかなたの過去の事柄に目を向けなければならないわけではない。したがって、かれらの裁判所にそのような性質の裁判を結びつけて考える必要はないわけである。協定の手はずをととのえる責任はメディアにあるのであって、裁判所にはないことを強調しておかなければならない。」

（56）　See Starcher, supra note 49, at 291-94.

五　光と音の基準(57)

1　気を散らさない音や光をもたらすテレビジョンや写真やオーディオの設備だけが、裁判所における訴訟手続を報道するために用いられる。不自然な光を出すような種類の装置は、テレビジョンのカメラと接続させて使用してはならない。

2　気を散らさない音や光をもたらすスチール・カメラの設備だけが、裁判所における訴訟手続を報道するために用いられる。そのようなスチール・カメラの設備は、とくに、35ミリ・ライカ「M」シリーズ・レンジファインダー・カメラよりは大きくない音や光をもたらすようにする。また、不自然な光を出すような種類の装置は、スチール・カメラと接続させて使用してはならない。

3　使用の請求のあった設備が、気を散らさない音や光をもたらすものである事実をメディアの関係者は、訴訟手続に先立って、裁判所に十分に説明する義務を負うことになる。設備に関しては、前もって裁判所の承諾を得ていないときには、訴訟手続において使用することはできない。

〔解説〕　ルールの**1**についてみるならば、フロリダ州やメリーランド州が、受け入れることのできるムービー・フィルムやビデオ・テーピングおよびレコーディングの設備についての受け入れ可能なタイプを、とくに、リストに記載するようにしているルールに付録をつけ加えていることを除けば、これらの規定のそれぞれは、本質的には、メリーランド州やフロリダ州のルールの中でみられるものと同じである。スチール・カメラに対する音量の最大限を定めるものとして、三つの州は、すべて、35ミリ・ライカ「M」シリーズ・レンジファインダーのリストを作成している。また、それぞれの州は、設備が受け入れられるものであることを立証するについてのメディアの責任を定めるようにしている。コロラド州においては、設備については何にも言及していない。そのため、個々の裁判官が、その基準を提示することになる。

裁判官に設備を証明するのに確かな方法は、決められたままにしておくことである。ライカ「M」シリーズ・カメラと比較する場合には、どちらかというと、裁判官のうちの少数のものは、正しい判断をすることができる、といってよい。いずれにせよ、メディアは、ただ単にルールにしたがわなければならない立場にある。音または光によって気が散らされることがあるならば、裁判所は、設備の使用をさせないようにしているルールにしたがって行動しなければならないわけである。

(57) See Starcher, supra note 49, at 294-95.

六　設備と人員の位置(58)

1　テレビジョン・カメラの設備は、裁判所が指定する、裁判所の施設内にある場所に置かれる。指定する地域は、報道の利用にとって適切といえるところを与えるようにする。報道の利用にとって、その地域が適切とはみられず、しかも、裁判所の施設から遠く離れてしまっているときには、すべてのテレビジョン・カメラとオーディオの設備は、そのような地域においてのみ場所の定めを行うこととする。テレビジョン・カメラの構成部分とはなっていないビデオテープのレコーディングの設備は、裁判所の施設から遠く離れた地域に設置されることになる。

〔解説〕　ウェスト・バージニア州のルールは、設備のための位置を裁判官が明確に示すようにすることを定める。フロリダ州とメリーランド州のルールは、これと似ている。また、ウェスト・バージニア州とフロリダ州の二つの州においては、カメラによる報道にとって適切に利用できるようにすることを示唆する。しかも、三つの州のすべてにおいて、その基準は、必ずしも法廷においては必要とされないテレビジョン・オーディオとラジオ放送のような設備は、遠く離れた地域に置くことを規定する。実際問題として、このことは、直ちに、法廷の入口の前の廊下に置かなければならない、ということを意味することにはならない。後方のホールとか物置、または、近くにある事務室などが、比較的多く利用されることになる。通常は、このような設備の見張り役を務める人が、一人またはそれ以上用意される。したがって、場所についての位置を決めるときには、このような点は、考慮されなければならないことになる。コロラド州においては、裁判官の独占的な自由裁量権に任せられている。

2　スチール・カメラの写真家は、裁判所が指定する、裁判所の施設内にある場所に自分の居所を定めるようにする。指定する地域は、報道にとって適切に利用できるところでなければならない。スチール・カメラの写真家は、指定された地域内にある定められた場所にいるようにする。写真の撮影のための場所にひとたび落ち着いたときには、写真家は、それ以上動き回って人の注意をひきつけるような行動をとってはならない。裁判所における訴訟手続についての写真を撮るにあたり、スチール・カメラの写真家は、絶えず動き回ることは許されない。

3　放送の団体の代表者は、訴訟手続が進行している間は、裁判所の施設内を、終始、動き回ってはならない。また、このルールによって定められた場所にひとたび身を置いたならば、マイクロホンやテーピングの設備は、訴訟手続が係属している間は移動させてはならない。

〔**解説**〕　フロリダ州とウェストバージニア州のルールは、非常によく似ている。メリーランド州の場合においては、とくに、スチール・カメラの写真家に関係させて、より一層、はっきりさせているのである。それにもかかわらず、スチールまたはテレビジョンのカメラのオペレーターが、ひとたび、決められた場所に落ち着くときには、法廷内を動き回らないという、合意ができている。そのため、より良い報道をほかの場所から入手できるかもしれないという事実があったとしても、かれの仕事は、明確に指定された場所内に限られることになる。つまり、カメラマンは、明確に指定された場所にとどまるようにしなければならないだけでなく、新たな場所とりを行うこと、また、人の注意をひきつけるような動きを行うことも禁止されているのである。

メリーランド州においては、すべてのメディアの人々は、法廷の柵の外に配置されるか、あるいは、柵がない場合には、傍聴人がいる場所にいることになる旨を、とくに定めている。ウェスト・バージニア州の規則は、柵については言及していない。けれども、裁判官が、メディアが占める位置を法廷の柵外に定めるであろうことは、当然に予想されている。

(58)　See Starcher, supra note 49, at 295-96.

七　訴訟手続中の動作(59)

写真またはオーディオの設備は、日々の訴訟手続の開始前または終了後、あるいは、休廷の期間中の場合を除いて、裁判所の施設内に据えつけたり、または、施設から移動させてはならない。テレビジョン・フィルム・マガジンやスチール・カメラ・フィルムまたはレンズは、訴訟手続の休廷の期間中を除いては裁判所の施設内において交換してはならない。しかし、訴訟手続を害さないような方法でもって行うことを条件に、テレビのカメラマンは、ビデオ・テープのカセットを換えることが許される。

〔解説〕ウェスト・バージニア州、フロリダ州、それに、メリーランド州においては、メディアの人々の配置については、同一の基本的な規制を有する。設備と人員のすべては、訴訟手続の開始前に配置するようにしておかなければならない。また、休廷の間、あるいは、訴訟手続の終了の場合を除いて（人員を含め）移動させることはできない。各州のルールのそれぞれにおいては、同じように、スチール・カメラ・レンズまたはテレビジョン・カメラ・フィルムの取替えを禁止する。しかしながら、恒久的なウェスト・バージニア州のルールは、ビデオ・テープ・カセットを静かに取り替えることは許すようにしている。実験的な試みについてのルールは、これを許すようにはしていなかった。混乱を避けるようにするために、裁判長は、この規定に厳格にしたがうようにすることを主張しなければならないのである。モノンガリア郡における実験的な試みの間に、この規定は、二、三回、適用される機会があった。

(59)　See Starcher, supra note 49, at 296-97.

八　法廷における光源[60]

施設内にある光源についての変更や追加は、裁判所の協力を得ながら行うことができる。ただし、そのためには、そのような変更や追加に際しては、公費による負担をかけないで設置したり、また、維持したりなどすることを要する。

〔解　説〕　メディアに対し「維持費」をどのように割り当てるか、という実際上の問題がある。もっとも、このようなことは、現代の写真の技術の洗練された状態のために、起ることは、おそらく、まったくないであろう、とみられている。コロラド州における例外を除いて、ほかの州の場合にはルールに従うようにしているのである。

(60)　See Starcher, supra note 49, at 297.

九　資料の許されない使用(61)

パイロット・プログラムの間またはそのプログラムによって現像されることになったフィルム、ビデオテープ、スチール写真、あるいは、オーディオ再生のいずれも、そのことによって提起されることになった訴訟手続やその後のまたはその副次の訴訟手続、あるいは、この種の訴訟手続における上訴や再審においては、証拠として認められない。

〔解　説〕　メリーランド州とコロラド州の二つの州は、裁判所の訴訟手続についてのメディアの報道の結果として生ずることになった資料の使用に関しては、なにも述べてはいない。ウェスト・バージニア州とフロリダ州のルールは、「報道」という言葉が「パイロット・プログラム」の段階にある場合を除いては、同じである。恐らく、パイロット・プログラムが、また、終りを迎えるにあたっては、ウェスト・バージニア州のルールは、フロリダ州のそれと同じでなければならない、と示唆されることになる。ことによると、正式事実審理についてのメディアの報道は、上訴についての審査にとっては適切な資料になり得るであろうことが指摘されてきているのである。[62] それは、いくつかの有益な効果をもたらすかもしれないのである。しかし、その一方において、メディアによる報道を受けることになった訴訟当事者の裁判が、その報道を受けなかった訴訟当事者のそれよりも、上訴における裁判手続において、異なる基準をひき起すことの可能性は、比較的大きいといえる。しかも、なお、公判についての「目にみえる形においての写し」が、上訴に関しての検討の際に用いられなければならないとするならば、そのときには、裁判所の任務として裁判所のスタッフによってなされなければならないのであって、裁判についてのセンセーショナルな成行き、または、ハイライトの「写し」を提出するだけの可能性しかないようなメディアによって行われてはならないのである。

（61）　See Starcher, supra note 49, at 297–98.
（62）　Report, supra note 25.

第九章　総合的なまとめ

ウォーレン・E・バーガー首席裁判官は、「直接の観察や出席した人々の口頭の言葉から裁判に関する情報を得る代りに、今日においては、主として、プリントやエレクトロニクスによるメディアを通して裁判についての情報が得られるようになってきている。このことは、ある意味においては、一般の人々の代用物として機能している、というメディアの主張を裏付けることになろう(1)」と述べている。既に指摘したように、アメリカにおいては、一九九八年一〇月末現在、連邦裁判所とインディアナ州、ミネソタ州、それに、サウス・ダコタ州の三州を除く四七の州においてテレビによる報道を認めるまでに至っているのである。このように、アメリカのほとんどの州においては、なんらかのタイプのエレクトロニクスによる報道を認めるまでに至った。もっとも、そのために、メディアのプレッシャーは、さまざまな形となって現われる。事実上、すべての規則が、広範囲におよぶメディアの報道について裁判長は最大のコントロールをもつ、と規定するので、焦点は、この任務を負う裁判所を助けるための裁判上のガイドラインを確立させることにある、といわれる(2)。

（1）Richmond Newspapers, Inc. v. Virginia, 448 U. S. 555, 572-73 (1980).（バーガー首席裁判官は賛成意見である。）

（2）Larry V. Starcher, Cameras in the Courts, 84 West Virginia L. Rev. 267, 298 (1982).

チャンドラー事件において、連邦最高裁判所が、それまでの赤信号を青信号に変えて連邦憲法上の解決を示したけれども、各州においては、この問題についての議論は、今日に至るまで続けられている。否定的な意見としては、つぎのようなものがみられる。

プリント・メディアを越えた広範囲におよぶメディアの報道は、人の気持ちを動揺させ、また、裁判を歪めるおそれがある、と指摘されている。また、裁判のプロセスは、国民に対して、教育をしたり、知らしめたり、あるいは、楽しませたりなどするようにはできていないし、それに、そのようにするつもりにもなっていない、との意見がある。さらに、裁判官や弁護人やその他の法廷における関係者が、カメラに向けてポーズを作ったり、その一方においては、カメラを怖がったり、また、カメラによって邪魔されたりしやすくなる、との見方もみられる。このほかの懸念としては、メディアが興味本位に流れてしまうかもしれないことや、とくに、アメリカにおいては、陪審員の選択の問題のように場合に、裁判の運営を極めて難しくしてしまうケースが出てくる。

これに対して、賛成の意見としては、つぎのような諸点をあげることができよう。まず第一に、国民に裁判所を理解できないようにさせている制限や伝統などを終らせる時期にきている、と考えられる。つぎに、「サンシャイン法[3]」(sunshine law) という考え方が、法廷の中においても広がるようにしなければならない。第三番目として、正しく管理運営されている裁判所であるならば、広範囲におよぶ報道からもたらされる不正や有害な結果などに対しての安全保障が可能となる、といってよい。

右のような賛否両論の意見がみられるが、もしも、報道が許されるとするならば、裁判制度においては、公判の裁判官の判断を信頼するようにしなければならない。また、裁判所が、恣意的であったり、理不尽であったり、あるいは、不公平であったりなどするような場合には、メディアが、報道について「新たに獲得した権利[4]」(newly acquired right) を行使することになるであろうことを信ずるようになる。もっとも、メディアが、この権利の行使を怠るならば、結局は、多くのところにおいては、裁判所が命令する禁止でもって終ってしまうわけである。

(3)　会議公開法 (連邦や州の行政機関等の会議の公開を義務づける法)。

(4)　See Starcher, supra note, at 298.

右のようなことから、疑いの余地なしに実際上の問題が起ってくる。すなわち、規模の大きな地域社会にあっては、規則を検討したり、また、定期的な報道についての準備をしたりなどすることが余儀なくされる。これに対して、人口の少ない小規模地域の生活の場合には、報道がごくたまに行われるために、そのような仕事を行う人を決めることが、最初に重要な事柄となってくる、という違いがみられる。(5)

このほかの問題としては、割当のルールにかかわる材料を提供するのはだれかとか、報道についての許可を求める問題の場合に、メディアによって最初に接触するようにさせられるのはだれか、などがある。これらの問題については、それぞれの裁判所の施設に対し責任を負うことになる裁判所の職員が、その答を与えることになるのである。比較的人口が多く、メディアによる報道を定期的にもつ地域においては、裁判所は、直ちに、裁判所とメディアによる委員会を設けることが求められる。この委員会は、裁判官、管理運営の仕事に携わる職員、郡コミッショナー、それに、予想される報道についての計画をたてるメディアの関係者などによって構成される。委員会の役割は、法廷内における位置の決定、法廷外の場所についての調整、配線と明りに関しての必要性の有無、さらに、報道の対象となる訴訟手続であるか否かを理解させるようにすることなどの点について裁判所を助けるようにすることにある。(6)

他方において、人口の少ない小規模地域の場合には、裁判所は、その任務を、メディアの助けを借りないで行うか、それとも、最小限の助けを借りて行うことを余儀なくされる。これらの地域においては、最初の責任を負わされる可能性の最も高い事務室は、巡回裁判区の書記官の事務室ということになる。この事務室は、伝統的に、裁判所の規則や訴訟手続や慣習のことなどについて最も多くの問い合わせを受けてきているのである。このうち、要求のあった事柄に関しては、裁判官に知らせるようにしている。(7)

(5) See Starcher, supra note, at 298-99.
(6) Id. at 299.
(7) Id.

将来において期待されるものを計画するときには、裁判所の管理運営者や郡のコミッショナーやメディアの関係者などは、メディアの設備にとって最も目立つことの少ないロケーションを定めるために、現在ある裁判所の施設を研究することが必要になってくる。また、新しい施設を作ったり、あるいは、現行の施設を変更したりなどすることを計画する場合には、メディアの問題と取り組むようにしなければならなくなる。単純な作りで費用が安く見えないようにするために隠された仕切席を準備することや送受信兼用の反射鏡や電送前のサウンド・システムなどが、今後においては有望である、とみられているのである。さらに、下級裁判官によって構成される裁判所の施設も考慮の対象の中に含まれる。このほか、予備審問手続における写真による報道の問題についても取り組むようにしなければならない、といわれている。(8)

その一方において、身柄を拘束された状態で殴られながら下級裁判所の建物に入るところを写真に撮られた者に対して生ずる権利の侵害と、警察官の護衛を受けたりあるいは正規の裁判所の環境の中にいたりなどするときに生ずる権利の侵害との間に重大な相違があるのかどうかの問題については、これまでのところ、裁判所の答は得られていない。(9) もっとも、損害を与える問題に関して言うならば、確かに、裁判所という場所は、町中に比べるならば、損害を与える機会は、ずっと少ない、といえる。

（8）Id.
（9）Id.

期待されているものを最も適切に定めるについては、裁判官は、これまでみてきたような変化を経験してきた人々の意見に耳を傾ける必要は大いにある、といえる。この点については、以前に公判裁判官の仕事をし、また、ブンディ事件[10]において裁判長を務めた、ナショナル司法カレッジの準学部長のエドワード・コワートは、広範囲におよぶメディアの報道に関して若干の考えを提示していた[11]。かれは、まず、新しいルールは、率直に言うならば、もう一つのメディアを加えることである、と述べている。つぎに、法廷におけるカメラは、①プリント・メディアの真実性を増すことになり、また、②スケッチ・アーチストよりも動揺を与えることが少ない上に、さらに、③法廷に接する廊下におけるメディアの混雑を少なくする効果を有するなどの点を指摘する。このほか、④公判の裁判官の立場からみるならば、法廷の外よりも、むしろ、その内部からプレスをコントロールするほうが楽である点も強調していた。これに対して、消極的な面については、つぎのような説明を行う。地方のテレビジョン・ステーションをもつ地域においては、広く関心のもたれた事件の場合には、陪審員の候補者名簿から陪審員を選ぶに際し困難が伴う。そのために、裁判地の変更とか陪審員に対する一時的な強制管理などの申立てがなされることがあり得る。後者は、現実の必要というよりは、むしろ、裁判上の警戒から行われる。とみられているのである。

（10） State v. Bundy, No. 54793 (Cir. Ct. Leon Co.), aff'd without op., 362 So. 2d 1051 (Fla.

1978).

(11)　ナショナル司法カレッジの準学部長で、フロリダ州のマイアミにある第十一巡回裁判区裁判所の元首席裁判官であったエドワード・D・コワート氏に対するインタビュー（同氏は、前掲注(10)のブンディ事件において、一九八一年五月一四日に裁判長を務めた）。

裁判における訴訟手続についてのエレクトロニクスによる報道は、要するに、違ったメディアの形式の追加にすぎない、といってよい。そのために、大多数の場合における広範囲にわたる報道についての反対は、結局のところは、不成功に終るものと見なされている。ラジオやテレビやプリント・メディアなどが、町の広場における演説者や地方のホールにおいての講演者や実際に裁判を傍聴した一般の人々などにとって代ったり、あるいは、これらの人々を減らすようにしたりなどするために、その特色を選出するとするならば、このメディアの場合には、一般の人々が出席することが認められている公のイベントについて報告することが許されている、という点だけが必然的となる。

法廷における広範囲におよぶメディアによる報道の実施は、多少の危険が伴うにしても、一般の人々が統治機関の仕事について知らされるときには、統治機関に関する民主的な制度が最も良く機能している、という理解と協力の精神でもって行われることを必要とする。とりわけ、裁判所は、社会の中における一般の人々が置かれている立場を鋭く知るようにしなければならないわけである。このようなことから、裁判官は、社会の中においての裁判官の役割を一般の人々に教育するについては援助の機会を歓迎しなければならなくなってくる。このような観点から「メディアは裁判所の盟友になる」とみられているのである。電子メディアによる裁判の報道の問題については、アメリカでは、現在でも、依然として、賛否両論の意見の対立があるものの、少なくとも、全面否定の線に戻すことはない、という点では意見が一致している。

……………………………………………130–134, 150

21 ガネット社対ドゥ・パスカル事件（Gannett Co. v. De Pasquale, 443 U. S. 368 (1979)）………………………132

22 マック事件（In re Mack, 386 Pa. 251 ; 126 A. 2d 679 (1956)）……………………………………………………159, 190

23 マンデー事件（People v. Munday, 280 L11. 32 ; 117 N. E., 286 (1917)）……………………………………………182

24 ビッタカー事件（The People v. Bittaker, 48 Cal. 3d 1046 ; 774 p. 2d 659 ; 259 Cal Rptr. 630 (1989)）………193

25 ブンディ事件（State v. Bundy, No. 54793 (Cir. Ct. Leon Co.), aff'd without op., 362 So. 2d 1051 (Fla. 1978)）………………………………231, 237, 289

10　ソローザノ事件（Goldman and Larsen, News Camera in the Courtroom During State v. Solorzano : End to the Estes Mandate ?, 10 S. W. U. L. Rev. 2001 (1978)）……………………………………79-87, 91

11　ザモラ事件（State v. Zamora, (1977), No. 77-25123-A (Dade County Cir. Ct.)）………68, 87-91, 179, 231

12　ポスト・ニューズウィーク・ステーション社事件（In re Post-Newsweek Stations, Florida, Inc., 370 So. 2d 764 (Fla. 1979)）……………………………………102, 118-129, 133, 138, 147, 153

13　シェパード対マクスウェル事件（Sheppard v. Maxwell, 384 U. S. 333 (1966)）……………………………103-106

14　マーフィー事件（Murphy v. Florida, 421 U. S. 794 (1975)）……………………………………………106, 151

15　ネブラスカ州報道協会対スチュアート事件（Nebraska Press Association v. Stuart, 427 U. S. 539 (1976)）……………………………………107, 191

16　ニア事件（Near v. Minnesota, 283 U. S. 697 (1931)）………108

17　ターナー事件（Turner v. louisiana 379 U. S. 466 (1965)）…117

18　ニクソン対ワーナー・コミュニケーション社事件（Nixon v. Warner Communications, Inc., 435 U. S. 589 (1978)）……………………………………………117

19　パーム・ビーチ新聞社事件（Palm Beach Newspapers, Inc. v. State, 378 So. 2d 862 (Fla. 4th DCA 1979)）……………………………………………………119

20　リッチモンド新聞社事件（Richmond Newspapers, Inc. v. Virginia, 448 U. S. 555 ; 100 S. Ct. 2814 (1980)）

アメリカの判例の索引
（掲載順）

1　エステス事件（Estes v. Texas, 381 U. S. 532 ; 14 L ed 2d 543 (1966)）……………………………………………
2, 10, 15, 17, 18, 21, 25, 26, 29, 39, 41-78, 86, 90, 91, 102, 103, 104, 116, 140, 142, 148, 149, 150, 159, 169, 174, 198

2　チャンドラー事件（Chandler v. Florida, 449 U. S. 560 ; 101 S. Ct. 802 (1981)）………………………………
2, 25, 102, 135-154, 155, 165, 167, 172, 198, 207, 210, 217, 225, 284

3　ハウプトマン事件（State v. Hauptmann, 115 N. J. L. 412, 180 A. 809, cert. denied, 296 U. S. 649 (1935)）……………………………………4, 22, 163, 182

4　リドー事件（Rideau v. Louisiana, 373 U. S. 723 (1963)）……………………………………………11, 46, 166

5　クレイグ対ハーニィ事件（Craig v. Harney, 331 U. S. 367 (1947)）…………………………………………13, 172

6　ライルス事件（Lyles v. State, 330 P. 2d 734, (Okla. Crim. Ct. App.) (1958)）………………………………29, 37

7　グラハム事件（Graham v. People, 134 Col. 290 ; 302 P. 2d 737 (Sup. Ct. en banc) (1956)）………………………34

8　コディー事件（Cody v. State, 361 P. 2d 307 (Okla, Crim. Ct. of App.) (1961)）………………………………38

9　ウィンタース事件（Winters v. New York, 333 U. S. 507 (1947)）………………………………………………72

〔著者紹介〕
宮　野　　彬（みやの　あきら）
1933年　東京に生まれる
1957年　中央大学法学部卒業
1963年　東京大学大学院博士課程修了
　　　　鹿児島大学法文学部講師・助教授を経て
現　在　明治学院大学法学部教授
主　著　『安楽死』（日経新書）（日本経済新聞社，1976年）
　　　　『安楽死から尊厳死へ』（弘文堂，1884年）
　　　　『犯罪の現代史』（三嶺書房，1986年）
　　　　『日本の刑事裁判』（三嶺書房，1987年）
　　　　『おもしろ公務員刑法雑学読本』（公人の友社，1988年）
　　　　『刑法の社会学』（三嶺書房，1989年）
　　　　『刑事和解と刑事仲裁』（信山社，1990年）
　　　　『裁判のテレビ中継を』（近代文藝社，1993年）
　　　　『揺れる絞首刑台』（近代文藝社，1994年）
　　　　『オランダの安楽死政策』（成文堂，1997年）
　　　　『刑事法廷でのビデオテープ』（成文堂，1999年）

刑事法廷のカメラ取材
——アメリカの規制緩和プロセス——

2001（平成13年）1月30日　第1版第1刷発行

著　者　宮　野　　彬
発行者　今　井　　貴
発行所　信山社出版株式会社
〒113-0033 東京都文京区本郷6-2-9-102
電　話 03（3818）1019
FAX　03（3818）0344
製　作　株式会社　信　山　社

Printed in Japan

印刷・製本／共立プリント・大三製本
ISBN-7972-3303-6 C3332
3303-120-030 NDC 分類326.011

科学の試み／30　経済学について／31　ドイツ産業の体質／32　教養学科の四十年・あとがき／33　教養学科案内
　D　駒場図書館とともに
34　教養学部図書館の歴史・現状・展望／35　図書館の「すごさ」／36　読書と図書館／37　教養学部図書館の四十年／38　「二十一世紀の図書館」見学記／39　一高・駒場・図書館／40　新山春子さんを送る
三　私事あれこれ
41　北一輝の誤謬／42　父の「在満最後の日記」／43　晩年の孔子／44　迷子になった話／45　私が孤児であったなら／46　ヤルタとポツダムと私／47　私の学生時代／48　受験時代／49　「星離去」考／50　私の哲学入門／51　最高齢の合格者／52　飼犬リキ／53　運命との和解／54　私の死生観

されど、アメリカ　本体価格 2,700円

主要目次
一　アメリカ滞在記
1　アメリカの法廷体験記／2　アメリカ東と西／3　エマソンのことなど／4　ユダヤ人と黒人と現代アメリカ／5　日記 ── 滞米2週間
二　アメリカと極東
1　ある感傷の終り／2　ある復讐の物語／3　アメリカ思想と湾岸戦争／4　「アメリカの世紀」は幕切れ近く

古代中国思想ノート　本体価格 2,400円

主要目次
第1章　孔子ノート
第2章　孟子ノート
第3章　老荘思想ノート
第1節　隠者／第2節　「老子」／第3節　荘子
第4章　荀子ノート
第5章　墨家ノート
第6章　韓非子ノート
附録　江戸思想ノート
1　江戸思想における政治と知性／2　国学について ── 真淵、宣長及びその後
巻末　あとがき

ケルゼン研究Ⅰ　本体価格 4,200円

主要目次
Ⅰ　伝記の周辺
Ⅱ　法理論における真理と価値
序論／第1編　「法の純粋理論」の哲学的基礎／第2編　「法の純粋理論」の体系と構造
Ⅲ　哲学と法学
Ⅳ　ケルゼンとシュミット
巻末　あとがき／索引

歴史重箱隅つつき　本体価格 2,800円

主要目次
Ⅰ　歩行と思索
Ⅱ　温故諷新
Ⅲ　歴史重箱隅つつき
Ⅳ　政治観察メモ
Ⅴ　雑事雑感
巻末　あとがき／索引

オーウェン・ラティモア伝　本体価格 2,900円

主要目次
第一部　真珠湾まで
1　野人学者の誕生／2　太平洋問題調査会（IPR）の結成／3　ラティモア編集長／4　『アメレジア』／5　蒋介石の顧問
第二部　対日戦争
6　戦時情報局（OWI）／7　ウォレス訪中／8　パトリック・ハーリー／9　延安の日本人
第三部　対日終戦
10　『アジアにおける解決』／11　グルーとポツダム宣言／12　マッカーサーと占領／13　日本民主化の「失敗」
第四部　魔女狩りの中で
14　マッカーシー／15　マッカラン委員会／16　『アメレジア』グループと戦後日本
附録　十五年後に